イクメンと呼ばないで

ニブンノイクジ

うめ　小沢高広／妹尾朝子

UME PRESENTS

IKUMEN TO YOBANAIDE

NIBUN NO IKUJI

デビュー10数年目の2人組漫画家「うめ」
昔飼ってた猫の名前が由来
おもたせしました
小沢高広
シナリオ・演出担当
妹尾《せお》朝子
ネーム・作画担当
原稿料も1／2ずつ
基礎控除は2倍だけどね！
おねえちゃん→
しじみん→

ふたりの関係 ～1／2のはじまり～

IKUMEN TO YOBANAIDE NIBUN NO IKUJI PROLOGUE

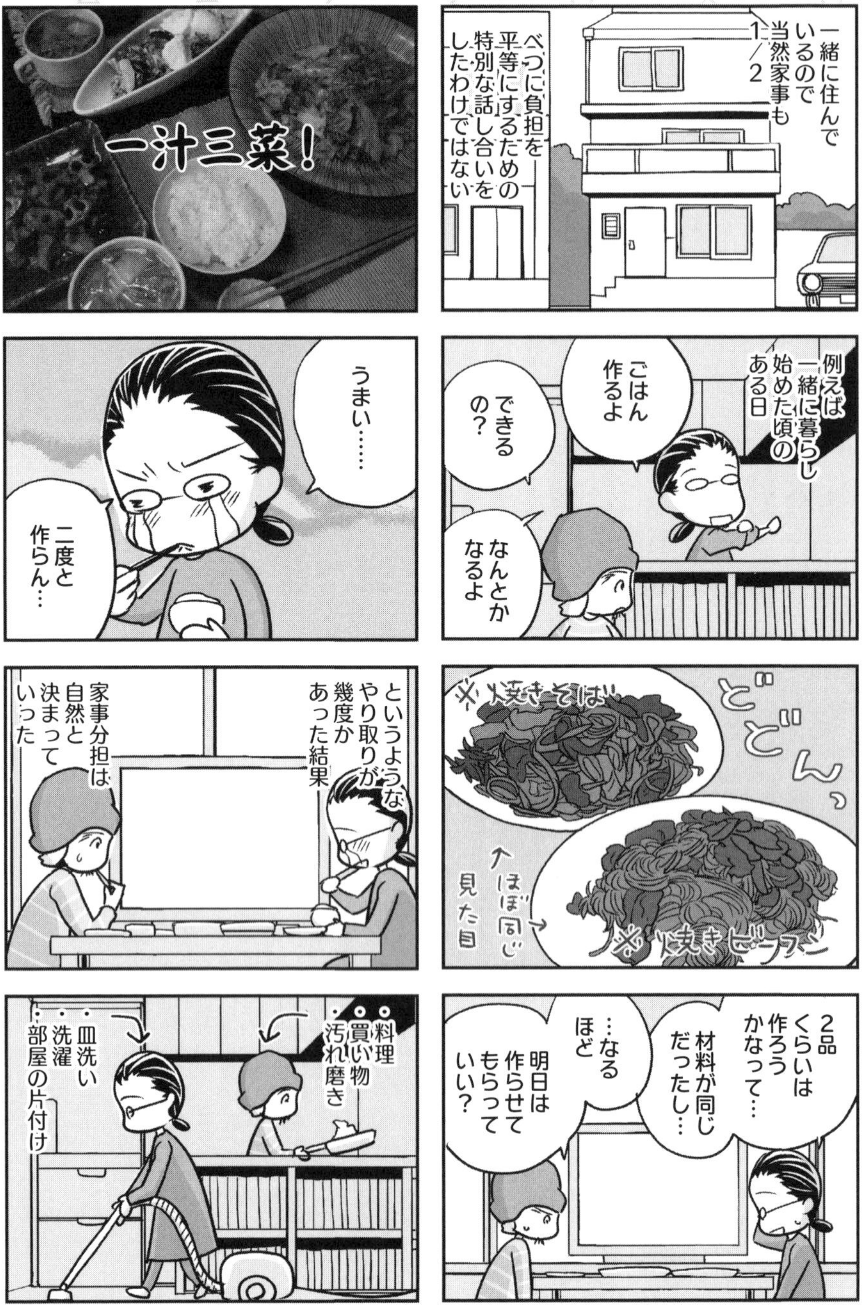
一緒に住んでいるので当然家事も1/2
べつに負担を平等にするための特別な話し合いをしたわけではない
例えば一緒に暮らし始めた頃のある日
ごはん作るよ
できるの?
なんとかなるよ
どどん
※焼きそば
※焼きビーフン
↑ほぼ同じ見た目
2品くらいは作ろうかなって…
材料が同じだったし…
…なるほど
明日は作らせてもらっていい?
一汁三菜!
うまい……
二度と作らん…
というようなやり取りが幾度かあった結果
家事分担は自然と決まっていった
・料理
・買い物
・汚れ磨き
・皿洗い
・洗濯
・部屋の片付け

ゴミ出しも1／2
燃えるゴミ担当（週2回）←
資源・燃えないゴミ担当（隔週2回）→
ガサガサ
猫の世話も1／2
爪切り担当←
トイレ掃除担当→
パチン
ザッ
ザッ
猫の世話私の方が負担大きくない？
だって自分で飼いたいって言いだしたんじゃん
ようするに
「ガマンできない方がやる」という
チキンレースの成れの果てである
そんなある日
まだ二日酔い治んねー
三日酔いだわー…
ヨロ
ヨロ
……
あのさ
最近生理きてる？
え？
産婦人科
おめでとうございます
母子手帳もらってきてください
このころは24時間連続で休める日が
1年に3日あるかないかだった
…

子育てって他の家事と違って
ガマンできなくなったからやる…じゃダメだよね
たぶん
ていうかまちがいなく…
保健所
おめでとうございます
こちらが母子手帳です
あら？おふたり入籍されてないんですか？
え？
入籍ってしてないとダメなんですか？
あ 何かご事情でも？
相談窓口などもございますが
いやー
書類とか手続きとか苦手っていうか
苗字変わるの面倒だし…
その程度の理由でしたら
入籍された方が何かとラクかと思いますよ
ハ…ハイ
この物語は
これ以上時間のない漫画家2人が
母子健康手帳
育児というタスクをどう人生に組み込んでいったかという記録である

CONTENTS

IKUMEN TO YOBANAIDE ／ NIBUN NO IKUJI

第0話　ふたりの関係 ～1／2のはじまり～ —— 1

STEP1　保育園実績解除

第1話　ようこそこの世へ —— 12
第2話　自由な人たち —— 13
第3話　初デートのような —— 14
第4話　君の居る場所 —— 15
第5話　自宅警備員 —— 16
第6話　愛の重さ —— 17
第7話　めんどくさい人たち —— 18
第8話　がんばりません —— 19
第9話　フランスじゃ出産すると、母親もシャンパンで乾杯すると聞きましたが、医師とよく相談のうえ自己責任で —— 20
第10話　ワヤワヤ —— 21
第11話　これが悲劇の始まりだということをふたりはまだ知らない —— 22
第12話　育児と仕事の両立 —— 23
第13話　漫画家はやはり漫画を読む —— 24
第14話　漫画の恩は漫画で —— 27
第15話　見栄はる親子 —— 28
第16話　消えない傷 —— 29
第17話　人間万事塞翁が… —— 30
第18話　リンリンフリン♪ —— 31
第19話　土下座と微笑 —— 32
第20話　お食い初め —— 33
第21話　作品No.001 疲れきった父 —— 34
第22話　めんそーれ —— 35
第23話　ゆりかご —— 36
第24話　はじめてのさよなら —— 37
第25話　乳ちがい —— 38

第26話　大人なんて…　39
第27話　東シナ海エクストリーム　40
第28話　待機させない児童？　41
第29話　存在の証明　42
第30話　離婚の危機　43
第31話　大人の世界　44
第32話　誠実な人たち　45
第33話　しつこく　46
第34話　危険な職業　47
第35話　斬る！刺す！燃やす！そして…　48
第36話　１点の重み　51
第37話　後日談その１　52
第38話　後日談その２　53
第39話　手作りの壁　54
第40話　プライスレス　55
第41話　最後の希望　56
第42話　漫画家は締切を守る　57
第43話　親も泣きたい　58
第44話　保育士Kあらわる　59
第45話　静かな戦い　60
第46話　しつこい小沢ふたたび　61
第47話　vs 保育士K　62

COLUMN 1. イクメンと呼ばないで　25

COLUMN 2. 夫婦ゲンカをテレビで実況!?　49

STEP2 娘はショートスリーパー

第48話 とーたん かーたん 65
第49話 ママの正体 66
第50話 のの! 67
第51話 解読 68
第52話 オムツの事情 69
第53話 まっ赤 70
第54話 紙vs布 71
第55話 オムツの裏事情 72
第56話 梅雨なので 73
第57話 魔の2歳児 74
第58話 こんなこともあろうかと 75
第59話 最後の手段 76
第60話 乳の味 77
第61話 ぬげよ ひめさま 78
第62話 苦労の総量 79
第63話 ままならない日 80
第64話 親の本気 81
第65話 最後の夜 82
第66話 怒られた 85
第67話 二度目の断乳 86
第68話 …寝ない 87
第69話 父の乳 88
第70話 はじめての保護者会 89
第71話 アウェイ 90
第72話 アピール 91
第73話 犯罪? 92
第74話 溝 93
第75話 夜型 94
第76話 ショートスリーパー 95
第77話 最後の希望 96
第78話 ふんばり 97
第79話 Kの小言 98

第80話　どうやっても寝ませんよ　99
第81話　ねないこだれだ　100
第82話　作戦の成否　101
第83話　新しいリズム　102
第84話　多頭飼い　105
第85話　ふたりめの貫禄　106
第86話　食べたいもの　107
第87話　リベンジ　108
第88話　知りたくない事実　109
第89話　告知　110
第90話　だっこの理屈　111
第91話　娘に「死ね」と言われた日　112

COLUMN 3.
貯金はそれぞれ…
その結果!?
83

COLUMN 4.
愛と笑いの
プレゼント
103

STEP3　第2子スタンバイ

第92話　育児の正解 ── 114
第93話　とうもころし ── 115
第94話　くやしい気持ち ── 116
第95話　言ってくれればよかったのに… ── 117
第96話　娘に学ぶ「モテる技術」 ── 118
第97話　ムスメ元気で留守がいい ── 119
第98話　夫がめんどくさい ── 120
第99話　さんかく関係 ── 121
第100話　公園にカニはいません ── 122
第101話　謎は全て解けた！ ── 123
第102話　話盛る系女子 ── 124
第103話　マタ旅の是非 ── 127
第104話　臨月の搭乗は医師の診断書が必要です。 ── 128
第105話　母の秘めた欲望 ── 129
第106話　ばんがれ ── 130
第107話　つい、出来心で… ── 131
第108話　給食系男子の誇り ── 132
第109話　肥やすも削るも俺次第 ── 133
第110話　クリスマスのご予定は？ ── 134
第111話　夜遊びしたい ── 135
第112話　真夜中のプリキュア ── 136
第113話　40週目はグレンラガン ── 137
第114話　このタイミングで赤い彗星が!? ── 138
第115話　臨月はコートの前がしまりません。 ── 139
第116話　節約するなら平日出産 ── 140
第117話　でっかいうんち ── 141
第118話　痛いのはオレじゃない ── 142
第119話　私を分娩台に連れてって ── 143
第120話　せんせい、あとはお願い ── 144
第121話　出産なう ── 147
第122話　3年ぶり2度目 ── 148
第123話　くるか!? 赤ちゃん返り！ ── 149

第124話　3歳vs2時間 150
第125話　先住猫と新参猫 151
第126話　姉への配慮　姉の配慮 152
第127話　だんだん家族 153
第128話　名前はまだない 154
第129話　子供に仮名をつけるのは 155
第130話　うめ家のしばり 156
第131話　いつかきっとMacでも 157
第132話　うんこ事情 158
第133話　プリキュアのお通じ 159
第134話　子供に銃を向ける時 160
第135話　とーたん、おしり 161
第136話　3年たってもアウェイ 162
第137話　ふられました 163
第138話　ニブンノイクジ推進活動 164
第139話　オムツずっと替えてないよね？ 165
第140話　トイレトレーニング開始 166
第141話　撮りますよフツー!! 167
第142話　とれたらとれたで… 168
第143話　不審者家族 169
第144話　離島のイクジ 170
第145話　行き当たりばったり取材 171
第146話　小沢の移住計画 172
第147話　ホヤホヤでチヤホヤ 173

COLUMN 5. 一人になりたい時は… 125

COLUMN 6. 女児でお願いします! 145

あとがき 174

STEP 1

保育園実績解除

IKUMEN TO YOBANAIDE
NIBUN NO IKUJI

ようこそこの世へ

おめでとうございます
3012グラムの元気な女の子ですよー
ありがとう ありがとう
ゼー
ゼー
陣痛辛い時看護師さんに暴言吐いてごめんなさい
分娩はフルマラソンしたがのようにキツかったです
ゼー
でもきっと赤子の顔をみるやいなや母性というやつがわきあがり
赤ちゃんに初乳あげましょうね
辛かったことなどたちどころに忘れ去るに違いありませ…
頭長っ!?
すぴー
これは…?
ホラアナタ赤ちゃん半分出たとこで止めちゃったから
お父さん呼んできますね
ユニークな形だね?
…よくあることみたいよ
なんかに似てる
そうなんだよ
ミーシャ
ルチ将軍
すぴー

自由な人たち

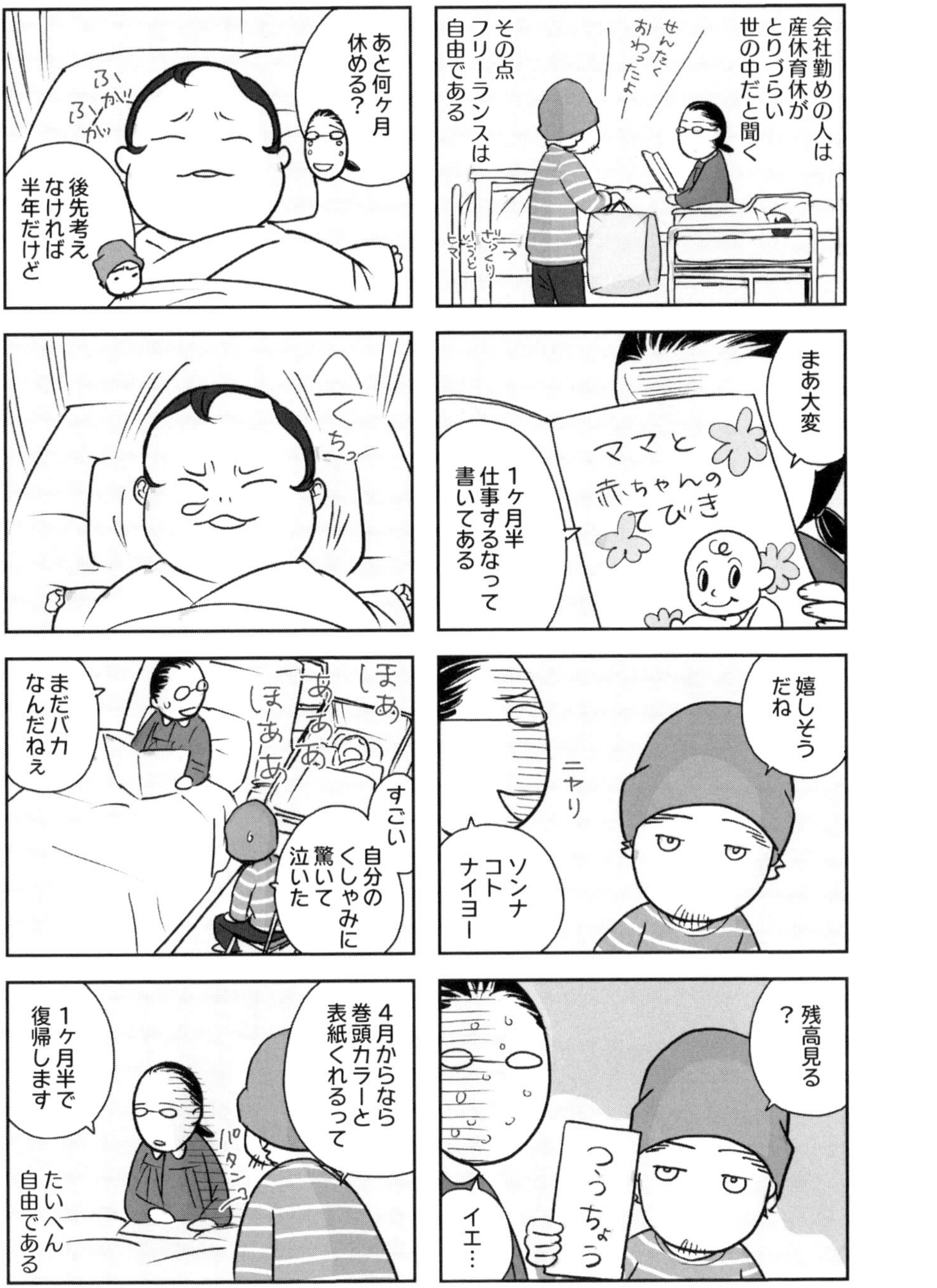
会社勤めの人は
産休育休が
とりづらい
世の中だと聞く
せんたく
おわったよー
その点
フリーランスは
自由である
ざっくり
いうと
ヒマ
まあ大変
ママと
赤ちゃんの
てびき
1ヶ月半
仕事するなって
書いてある
嬉しそう
だね
ニヤリ
ソンナ
コト
ナイヨー
残高見る
？
つうちょう
イエ…
あと何ヶ月
休める？
ふぃがっ
ふぃがっ
後先考え
なければ
半年だけど
へくちっ
ほあああ
ほーあーあ
すごい
自分の
くしゃみに
驚いて
泣いた
まだバカ
なんだねぇ
4月からなら
巻頭カラーと
表紙くれるって
1ヶ月半で
復帰します
パタン
たいへん
自由である

初デートのような

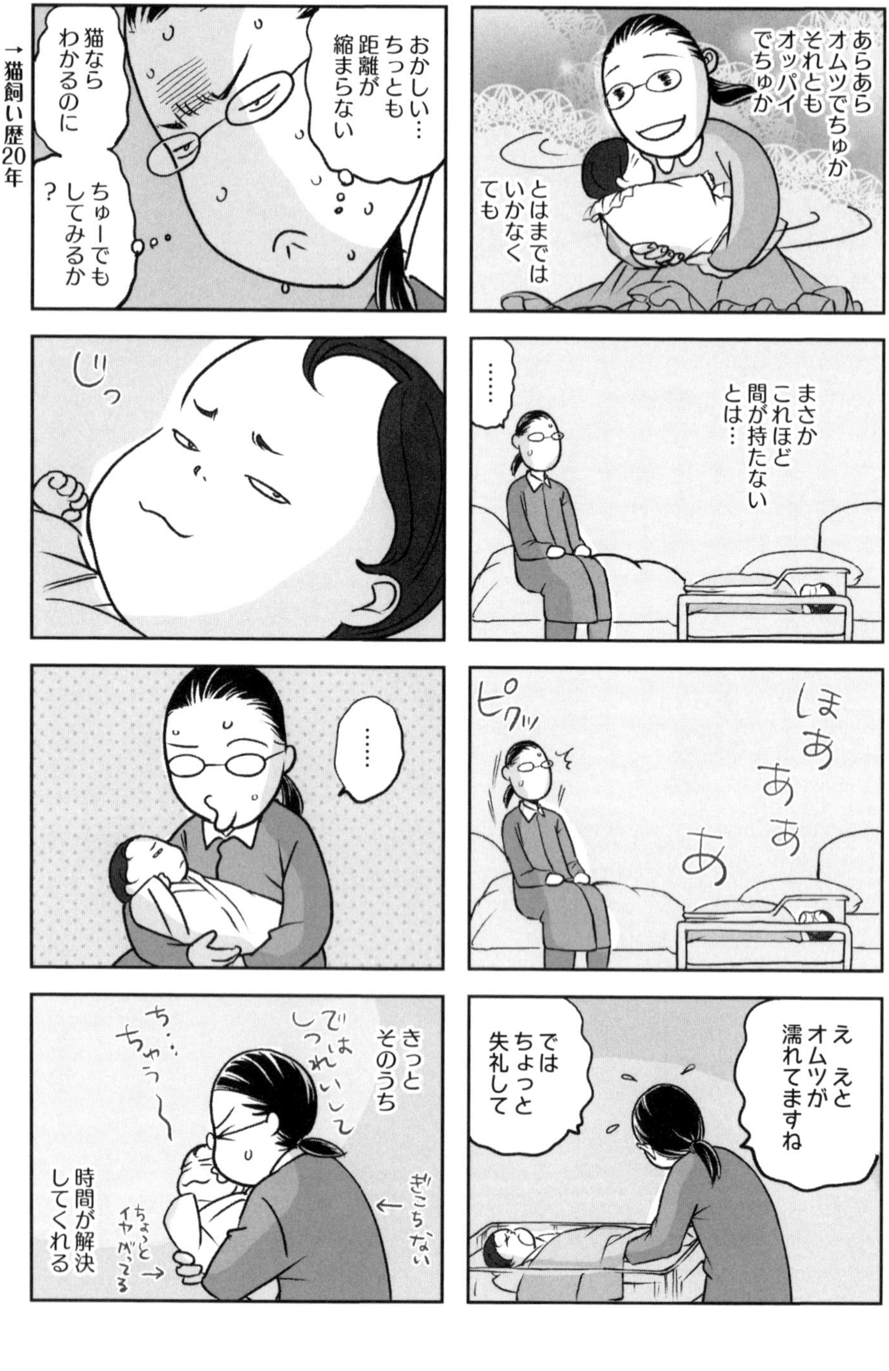

あらあら
オムツでちゅか
それとも
オッパイでちゅか
とはまでは
いかなくても
まさか
これほど
間が持たない
とは…
……
ピクッ
ほあ
あ
あ
ええと
オムツが
濡れてますね
では
ちょっと
失礼して
おかしい…
ちっとも
距離が
縮まらない
猫なら
わかるのに
ちゅーでも
してみるか
？
→猫飼い歴20年
じっ
……
では
しつれいして
ち…
ちゅう〜
きっと
そのうち
時間が解決
してくれる
ぎこちない←
ちょっと
イヤがってる→

君の居る場所

出産前 あちこちで あれやこれや いろいろ買えと 言われた
子育て系サイト
育児系雑誌 冬の出産
でもどうせ すぐに大きく なるしさー
と 最低必要な ものだけ 揃えた
ただいまー
一週間ぶりの—— 我が家だー
……つもり だった
あのー
食事中 こいつ どこに置けば いいんで しょーか?
あ
床は… なんか まずいよね
テーブルに 座布団でも 敷く?
枠がないと 危ないん じゃない?
衣装ケース
ピッタリ なんだ けどさ
なんかこう そこはかとなく 縁起悪い 感じが…
…オモチャとか 入れてみれば きっと!
ダメ! なんか ますます ダメ!
アマゾン アマゾン!!
検索ワード わかんねえ!

自宅警備員

ネコって
こんなにデカかったっけ？
ウチにはネコが2匹いる
ビクビク
黒猫がしじみん性格はビビリで甘えん坊
むっちり
白猫はハル通称おねえちゃん
めんどくさがりやで雪見大福に似ている
ずーっとおねえちゃんにべったりで甘えん坊の弟キャラだったしじみんが
ゴロゴロゴロ
カタン
ピクッ
守ってるね
意外なことに……
妹ができた心境なのかね？
…
おねえちゃんとしては少しさびしいらしい
ヨシヨシ
…

愛の重さ

しじみんの長女への溺愛っぷりは
じっ
エスカレートするばかり
おまえ…
ピチャ
ピチャ
それはちょっと
…
そしてその夜
おねえちゃん陥落
家の生き物が仲良しなのはいいことだ
よかったよかった
うとうと
ちゅうちゅう
どしっ
どしっ
ぎっしり
狭…
かーっ

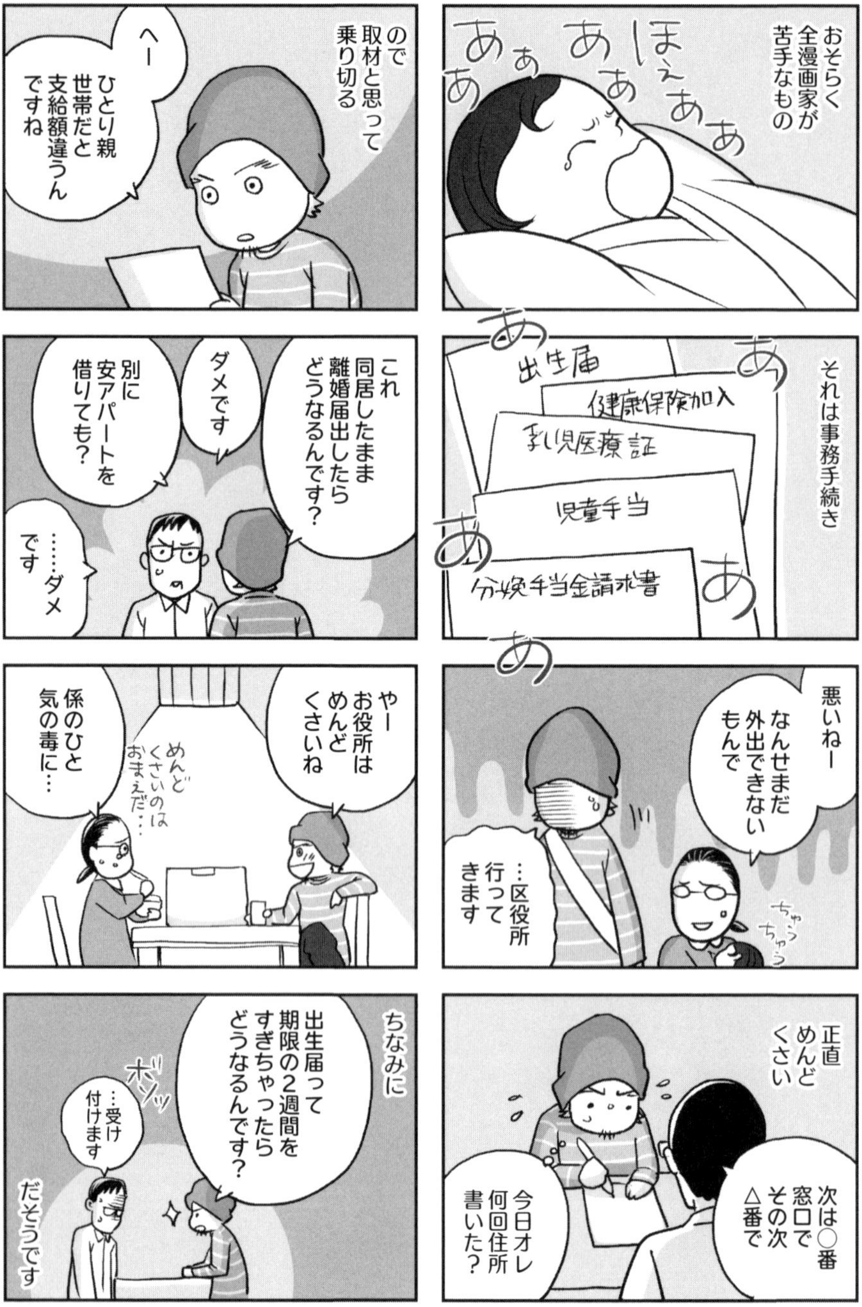
おそらく全漫画家が苦手なもの
あほぇあああ
あぁあ
それは事務手続き
出生届
健康保険加入
乳児医療証
児童手当
分娩手当金請求書
あ
あ
あ
あ
あ
悪いねー
なんせまだ外出できないもんで
…区役所行ってきます
ちゃうちゃう
正直めんどくさい
次は○番窓口でその次△番で
今日オレ何回住所書いた？
ので取材と思って乗り切る
へー
ひとり親世帯だと支給額違うんですね
これ同居したまま離婚届出したらどうなるんです？
ダメです
別に安アパートを借りても？
……ダメです
やーお役所はめんどくさいね
係のひと気の毒に…
めんどくさいのはおまえだ…
ちなみに
出生届って期限の2週間をすぎちゃったらどうなるんです？
ボソッ
…受け付けます
だそうです

がんばりません

本日は行政による助産師さんの訪問サービス
1日28g増だからちょうどいいですね
行政はどうやら
がんばらないで
産後ウツのケアに重点を置いてるらしい
だんなさん今日はお休みで？
じゃ育休？
今日は…というか
そういうわけでは
1ヶ月すぎたらどんどん外に連れ出していいですよー
ホヘー
海外旅行だってOKです
…
ハッ
早く断乳しなきゃとか絶対母乳でとか
ハヘー
難しく考えないようにね
えーと次は…
違！
失業してるわけじゃ！
ガサガサ
気楽に構えて子育てしてください
あーそれなら得意です
うんうん

フランスじゃ出産すると、母親もシャンパンで乾杯すると聞きましたが、
医師とよく相談のうえ自己責任で

トクトクトク
チュウチュウチュウ
ぷはあ〜
チュウチュウチュウ
トクトクトク
チュウチュウチュウ
ほう
ぐい
チュウチュウチュウ
これにはレッキとした理由があるんです
聞こうか
授乳中の飲酒について病院で確認したところビール1杯程度なら3時間あければ授乳には問題ないとのこと
また経口摂取したアルコールが母乳に出るにはおよそ15分かかるそう…ということは
授乳終了間際から呑み始めるのがいちばん安全
理屈はわかった
理屈はわかったけど
すごい絵面だな…
そうなんだよ…
チュウチュウチュウ

ワヤワヤ

なぜか授乳のとき
せつないようなさみしいようなよくわからない気持ちになることがある
例えば放課後小学校の教室で
日誌書いてたら遅くなっちゃった おまたせ一緒に帰…
ハァ
バァ
がらーーーーん
…先に帰っちゃったのかな
ヤァー
ヤァー
こうなったときの気持ちや
例えばプールの更衣室で
プールの次の授業って眠くなるよねー
ザワ
ザワ
ザワ
靴下 靴下
あれっ?
しーーーーん
こんなときの気持ちに似ている
この感覚は自分だけではないようで
このへんがワヤワヤっとしてなぜか哀しーい気持ちに
ネットでも似たような意見みかけました
このマンガの担当さん→
これはいったい
なんなんだろう

これが悲劇の始まりだということをふたりはまだ知らない

育児と仕事の両立

長女の退院初日
ふぁ〜〜
結局この子夜中一回も起きなかった
息してるよね？
スピー
スピー
3時間おきに授乳で起こされるって噂だったのにねえ
パァァー
へーまれに寝る子もいるみたいね
いやあ親孝行な子だ
カチカチ
と安堵したのもつかの間
日に日に寝付くまでの時間長くなってない？
授乳の時間も伸びてる気がする
そのあたりを自分あてにメールをしてログとってみると
寝つくまでに1時間
授乳も1時間×8回／日かかってる
ガーーーン
こ これじゃ今までと同じ仕事量は
む 難しいね 3日分48時間くらい足りない
…
ちゅう
ちゅう
ちゅう
…よしわかった
とりあえず！
授乳しながら絵描くよ
エクストリーム授乳はじまる
ガリ
ガリ
ガリ

漫画家はやはり漫画を読む

あいかわらず伸びる授乳時間
う腕が死ぬ
代わろう
消毒だなんだとめんどくさいけどミルクも投入
…着地失敗5度目…
増してゆく寝つきの悪さ
ふえぇ
代わるよ
寝不足と締切においつめられ
育児書なんぞを読むも…
「お母さんのイライラは子供にも必ず伝わります」
「心にゆとりを持って寝かしつけるようにしましょう」
このお花畑がー!!
いやいや一般論だとは思うよ
かえって心にゆとりがなくなる
ぺいっ
そんなとき出会った漫画がこちら
『子供なんか大キライ！』
子供が嫌いと口に出して
育児にイライラして
全然かわいくない!!
うやだっ!! いくら頑張っても本の通りにいかないし言うこと聞かないし！
毎日なに食べさせようかばっか考えてんのにわざと吐き出すし
…うちだけじゃないんだ
子供が生まれてはじめて本気で泣いた
『子供なんか大キライ！』井上きみどり(集英社)より

COLUMN.1 イクメンと呼ばないで

IKUMEN TO YOBANAIDE

最初からずっと育児を半分ずつ担ってきた小沢さんと妹尾さん。
世間で持てはやされる「イクメン」という言葉に違和感を覚えたのはいつだったのでしょうか。

保育園でベテランの先生に「イクメンでいいわねえ」と言われたのが、最初だったと思います。「最近の流行にのってるのね」みたいに言われて、なんか嫌でした。

あの先生は、褒めたつもりだと思うよw

あー、今から思うとそうかも。「美人すぎる○○」とか、躊躇なく使えちゃうタイプの先生なので。

イクメンという言葉はどういう印象ですか?

そんなフワッとしたもじり言葉で甘やかさないでほしいです。日曜日の午前中ちょっと公園連れてったら、もうイクメン気取りか!みたいな。

僕は逆で「調子に乗せよう」という浅はかさが透けて見えて、うんざりというか。たぶん、お茶汲みコピーしかさせてもらえなかった時代の女性にあった、憤りとか諦めに近いかも。

お茶汲みコピーですか?

個人の能力にかかわらず枠にはめられて、そのうえで「君が入れたお茶はうまいなあ!これからもずっと頼むよ!」と言われた感じというか。

ああ、それは辛い。

そもそも、世間には「育児は女性のほうができる」という偏見と先入観があるので、「男はどうせ」と小馬鹿にされた気分になります。考えすぎかもしれませんが。

妹尾さんが、小沢さんを見ていて「やっぱり男の人は抜けてるわ」と感じたことってありますか?

育児ではなかったです。一人目の時なんて私も一緒にわけがわからなかったし。

ふたりの育児スキルは完全に同等なんですね。

授乳以外、過ごしてる時間は変わらないので、ほぼ一緒です。得意不得意はありますが。離乳食作りとか私、無理で…。

妹尾は一度も作ったことないです(笑)。…そういえば、一時期、授乳ができる男性用ブラジャーを真剣に考えてました。吸われた感覚を、どうリアル乳首にフィードバックするかが考えどころだったなあ。

吸われた感覚ってw それ必要?

漫画の恩は漫画で

新人の頃 ある青年誌の編集者が言った
育児漫画を描くような漫画家にはならないでね
育児漫画は女性漫画家の墓場だよ
たぶん悪気はなかったと思う
ただ 子供もいなかったし なんとなく育児漫画は読まずに来た
わたしがママよ
カリスマ育児
ママはテンパリスト
それから十数年
アタシのことが描いてある!
これぞまさに漫画家向け
いままで読んでこなかったもんだから読む漫画があるある
まだ?
すべての授乳時間は読書タイムとなる
うんうん
育児漫画はすべてのフリーランス向け育児書だね
あぶぅ おぶぅ
あのさー
アタシいつか立派な育児漫画家になるよ!!
メラメラメラ
そして少しでも働くお母さんの気持ちを楽にしたい
ギュッ
いいんじゃない?
いいんだけどさ
その前に目の前の原稿ね
締切明日だから
あぶぅ
ぎゃふん

見栄はる親子

3・4ヶ月健診
みんなうちの子より頭ちいさい…
オレのせいじゃないよ
はーい寝返りできるかなー
いける!
実は前日に一度できただけ
おお
コロン
そして立て続けに
上手ね
ギャラリーが多いから張り切ってるのかしら?
そういう性格か…
コロン
コロン
次のチェック項目「あやすと笑う」も無事クリア
ぎゃっ
ぎゃっ
ぎゃっ
ぎゃっ
パパも一緒に来てくれていいわね
平日の昼間会場を見ると他にお父さんはいない
ハッ
そういえば!
すてきね育児を手伝ってくれるパパって
いや
ええまあ
仕事の打ち合わせのついでに健診に来たからとは言い出しにくい雰囲気
また失業中と思われたかな
たぶんね

消えない傷

初めての注射
はーい お母さん 抱っこしてくださいねー
まだ注射が痛いということすらわかってない
ぎゅううう
まあ泣く
うぉあああ
あああ
みんな泣く
ぎゃあああ
泣き声を聞いてさらに泣く
さっ
あわわわわわわ
ぷっ
アハハ みんなやってる
あのさ
BCGって痕消えないよね
女の子なのにもう一生残る傷がついちゃうんだね…
あわわわ
急にどうした!?
男親心理か？

人間万事塞翁が…

生後1、2ヶ月頃
保育園とかまだいいか
寝てるだけだし仕事もまぁできるし
しかし赤子の成長は早いもので
あー
もうお座りが!
つい最近まで寝返りだったのに!
うわ!ハイハイしてる!
わー!それ食べちゃダメー!
あれ…?なんか
ハァハァ
全然仕事が進まない…
ゼェゼェ
やっぱ保育園入れた方がよかった!?
でももうとっくに締切過ぎちゃってるよ!
くっそ半年前の我々め
そんなとき
千葉に住むおばあちゃんチバーバ
子守りするからしばらく泊めて
家に帰りたくないの
ええ!?
いやウチはむしろ助かるけど!
おじいちゃんがね…
不倫してたの…
思いがけず
ブーッ
子守りゲット

リンリンフリン♪

おじいちゃんの不倫というドロドロな理由で
おはよー
しばらくウチで寝泊まりすることになったチバーバ
じゃあ仕事するね
がんばってねー
そろそろ授乳の時間みたいよ
はいよー
うああーあーあー
さー今のうち洗濯機回して食器洗ってと
モュッ
モュッ
うおーなんじゃこりゃ！
仕事すっげえ進む！
そりゃそうだ！
ベビーシッター兼家政婦さんがいるようなものだもん！
こりゃやめらんないねえ！
プルルル
もしもし？あおじいちゃん？
え…？おばあちゃんと話がしたい…？
ん…ホラこういうのってタイミングが大事じゃん？
あと2日…いや3日かな
あたしがうまいことセッティングしてあげるからさあ
締切まで引き延ばす気だな…

土下座と微笑

ようやく謝罪の機会を与えられたおじいちゃん
土下座 謝罪 土下座 謝罪（繰り返し）
じゃあ まあ とにかく一回帰るわ
たまに子守りにくるから
あっぶぁ〜〜
つかまり立ち
……
子守り問題ふりだしに
あぶぅ〜
キャー どうすんの どうすんの おおおお！
たしか何か区の制度が！
育児ヘルパーに 保育園の一時保育か
申込みめんどくさいってサボってたけど
それどころじゃないな
今日はヘルパーさん 次の日は一時保育
おねがいします！
おあずかりします
みてくれる場所も人もぐるぐる変わる毎日
にっこ〜〜
人見知りしないいい子ですねー
キャッ キャッ
ズキィ
…っ！
スマン！

お食い初め

どうにか仕事・家事・育児をやりくりする日々
基本的にうめ家は洗濯・掃除が妹尾
フーッ
買い物・料理が小沢
もうすぐごはんできるよー
家事の分担に不満はない
ちょ!? 何やってんの!?
いやみそ汁飲みたくて
…つーかそんなに驚くな
ん? みそ汁飲みたいの?
あー
じゃちょっと飲んでみる?
ん? ど… どした?
…なぜ
はじめてのごはんは絶対オレが作ったものだと…
毎日毎日あれだけご飯作ってきたのに…
なぜ!
なぜ今日にかぎって!
ご… ごめん
…本当に不満はない

作品No.001 疲れきった父

育児には いろんな 初めてが あるけれど
子供が撮った 初めての写真も そのひとつ
はむ はむ
カメラを オモチャにしてて 偶然撮れたのであろう 奇跡の一枚
「疲れきった父」
育児と家事と 仕事…
たしかに最近 疲れた疲れた 言ってたけど
これは 相当 キてるな
どっか 行こう
荒れた部屋も 家事もない 場所へ
…でも 仕事は？
アタシが
なんとか する！
男前で ある
そういう わけで
現実から 逃げるように 沖縄・久米島 4泊5日旅行 決定
ガラ ガラ ガラ
オムツ一日 10枚計算で 50枚
着替え 一日3回 計算
離乳食15食分と 哺乳瓶に 携帯用ミルクに 念のための あれやこれや…
ギッ
ミシ
重っ
スミマ セン…
ヨロッ
育児から だけは 逃げられず

めんそーれ

子連れで出かけると
あ〜
よく人に話しかけられる
バタ
バタ
それは沖縄でも同じ
あう〜〜
バタ
バタ
あー
アラーオバアのところに来てくれたサー
どうやら赤子しか目に入ってないようだ
キャッ
キャッ
いえ歩いてきたのはボクで…
久米島行きフェリー
ありゃ
KUME
船室いっぱいだね
しかたないデッキ席に…
赤ちゃんネー
ここ!ここ空いてるサー
座りなさい座りなさい
ぐいぐい
どこから来たのー
…いつも以上かもしれない
キャッ
オバアのバナナあげようネー

ゆりかご

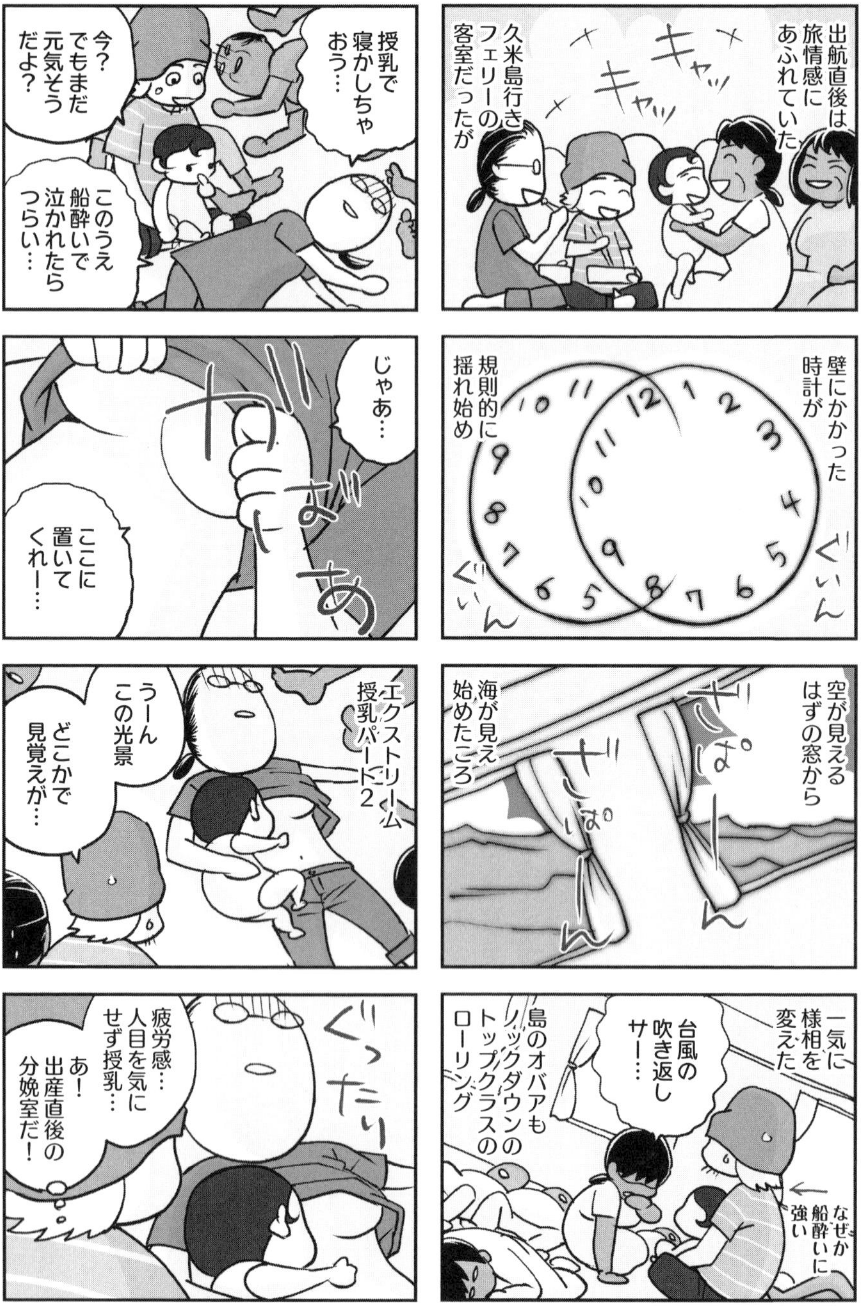
出航直後は旅情感にあふれていた
キャッ キャッ
久米島行きフェリーの客室だったが
壁にかかった時計が
規則的に揺れ始め
ぐいん ぐいん
空が見えるはずの窓から
ざぱーーん ざぱーん
海が見え始めたころ
一気に様相を変えた
台風の吹き返しサー…
島のオバアもノックダウンのトップクラスのローリング
なぜか船酔いに強い
授乳で寝かしちゃおう…
今? でもまだ元気そうだよ?
このうえ船酔いで泣かれたらつらい…
じゃあ…
がばあ
ここに置いてくれー…
エクストリーム授乳パート2
うーん この光景
どこかで見覚えが…
ぐったり
疲労感… 人目を気にせず授乳…
あ! 出産直後の分娩室だ!

はじめてのさよなら

子連れで居酒屋さんに行くと
こちらへどうぞー
大抵座敷に案内してくれる
くそまだ揺れてる…
ひこうきで島に?・大正解でしたね
結果子連れ同士が隣合わせになり
ゴーヤチャンプルとぐるくんの唐揚げとー
あ〜
一緒に遊びだしてくれたらラッキー
3歳→
←10ケ月
すいませーんシークァーサー割りお代わり!
そのわずか数十分の間が親のリフレッシュタイム
こっちはオリオンビール生追加で!
旅行中身につけておくと便利な技である
また遊んでねー
心の叫び→
ん?
ヨロ〜
これって人生初バイバイ?
いままで誰にも手振らなかったのに
もしかして
ヨロ〜
恋愛と旅は人を成長させるというが
初恋?
赤子も親も例外ではない
ヨロ〜

乳ちがい

翌日無人島ツアーの予定が
台風の余波で欠航
ザザー
ザーン
大丈夫そうに見えるけどね
いやいやそう思ってひどい目にあったから
というわけで今日はこちらのスパへ
わざわざ沖縄まで来てなんでスパだのジャグジーだの……
バーデハウス久米島
…ってあれえ?
ザザーン
ザーン
赤子用の防水オムツも売ってます
ホカ
ホカ
いいねえ
そしてここでも
あらまーちっちゃい水着ネー
こっちもおいでー
覚えたての「バイバイ」で次々にナンパ
ばいばーい
しかしながら
ばーん
ぱっしゃ
ぱっしゃ
こういうお姉さんにはいかないところが不思議
ぱっしゃ
ぱっしゃ
いってもいいんだよ

大人なんて…

無人島ツアー今日も欠航だって
えー明日帰るのにー
他にもツアー屋さんあったよね
じゃあ片っ端から電話してみよう
午後からでも無理ですかねー
あやっぱりダメ
え？出してくれそうなところが？
電話番号教えてください！
え！
ストン
行けるかも！
支度しとくわ
ゴン
あ
ごごごめんごめーん！
お前を喜ばせようと思ってつい！
あああ
欺瞞である

東シナ海エクストリーム

声かけていただいて助かりました
息子が無人島ツアーすごい楽しみにしてたもので
ドドド
なんとびっくり！
おととい居酒屋で会った親子は同じ宿でした
娘 初恋？ 相手と再会
ドドドド
おおー
ざぶーーん
無人島・はての浜到着
貸し切りですなあ
他のツアー会社全部中止だもんね
誰もいないので東シナ海につかりながらエクストリーム授乳パート3
ぼーー
ざぶーーん
アタシはじめて入った海九十九里
あ〜
オレ熱海
ぜいたくだねーコイツ
どうせ覚えてないんだろうけどさ
ま 思ったよりなんとかなるね子連れ旅も
また来ようよ
とはいえこのあと5年で10回以上沖縄に来ることになるとは微塵も思ってなかった
バシャ
バシャ

待機させない児童？

もうすぐ1歳の誕生日
そしていよいよ保育園入園申し込みの季節である
区役所
前の人のやりとりを見ていると
う～ん…就職先が決まってないとまず入園は無理ですね
つい0歳で預けそびれ
やっぱ保育園入れた方がよかった!?
でももうとっくに〆切過ぎちゃってるよ！
くっそ半年前の我々め
たいへん後悔してるのでこのチャンスは逃したくない
えっ？でも保育園が決まってないと就職が決まらないんですけど…
お気持ちはわかるんですが
さいわい今住んでる自治体は都内にしては待機児童が少ない
入園課
でも……
申し込みされてもまず無駄だと思いますよ
そんな！入れないと困るんです
44人…
整理券
44人
まあまあ
申し込み開始当日だし
待機児童が少ない理由の一端がわかった気がする
そもそも申し込みさせない…？

存在の証明

1時間半後いよいよ我々の保育園入園申し込みがはじまった
入園課
漫画家さん…？
就業証明書ってありますか？
えっ…
…ないです
ぶー
前年度の納税を証明できるものは？
2年ほど確定申告してなくて…
あ〜
は？
だってホラ確定申告って白色なら5年前まで大丈夫ですよね？
イテテ
…こちら入園課なんでそういうことは税務署でご確認ください
くいっ
当然ながら世の中の大半のシステムは多数の幸福を優先して作られている
自らの職業を証明する術もない人間のことなんてまず考えられていない
ぐぬぬ…
えーと
はっ！そうだ
自分の単行本ならあるんですが…
大東京トイボックス
1
どん
困ります！
そういったものは受け取れません！
イエ そういうつもりじゃ…
失敗だった

離婚の危機

自分の勤務状況を単行本以外で証明できなかった我々は
結局自分で勤務の現況をまとめて再提出ということに
ほとんどの自治体で保育園の入園は点数制で決まる
パートで3点 就活中で5点 フルタイムの定職があって9点
通勤しててさらに1点といった具合
1日の勤務時間? 寝てる時間以外全部
土日の勤務状況? んなもん平日と一緒
月の休み? 24時間丸々休みの日なんて年に3日あるかどうか
認可保育園に入れるボーダーは19〜20点
無認可なら入れますよ 高いし2歳までですが
3歳でまたこれをやるのはちょっと…
ウチの場合18点だった
ちょっと見てこの項目
再度入園課
……非常に保育が必要だということはわかりました
案の定絶句される
母子家庭はプラス12点
ただ認可保育園だと厳しいかもしれません
共働きで仕事も決まってるのに?
自宅で働かれている方は点数が低いんですよ
…ほう
ギラッ
早くも離婚の危機である

大人の世界

こちらとしてはこのまま申し込みを受け付けることはできますが
ご離婚はともかく無認可保育園の件は再考されたほうがいいですよ
まず無理な認可保育園かほぼ確実な無認可か…答えは出てると思うんですけどね
お昼でも食べて考えよう…
トボ
トボ
ひさしぶり~
いらっしゃい
あれ？ここ夜しかやってなかったよね？
ランチはじめたんだー
保育園対策
うちの子今年から預けてんだよ
そうかー 夜だけじゃフルタイムあつかいにならないから
みんないろいろ考えるもんだねー
ウチもいま無認可にするか悩んでて
紹介しようか？
なにを？
マチナガ（仮）
誰それ？
区議会議員
マチナガ
ここだけの話さ…
何枠か・持ってる・らしいよ
実はウチもそれでね…
大人の世界あらわる
……
ヒソ
ヒソ

誠実な人たち

偽装離婚に議員のコネ…
こんなことまでしないとこの国では保育園に入れないのか!
と世の中に憤っていても仕方がない
…ので来てみた
マチナガ
……
誠実さNo1
誠実さ?
あのー
何かご用でしょうか?
マチナガの奥様だった
ひととおり事情を話す
確実とお約束できるわけじゃないんですけど…
これも何かのご縁ですから
あははは~
ではこちらにお名前と電話番号を
…
……
カアー
カアー
なんで書かなかったの?
なんとなく…
カア

しっこく

小沢はひとことで言えばしつこい
マンガの原稿もいつも締切ギリギリまでネチネチ直してる
セリフどっちがいい?
どっちでもいい
そしてついに保育園入園希望申し込み締切当日
やれることはやったよ
書類
…まあそりゃ裏技は使わなかったけど
…あとはおとなしく待って
…もしダメだったらそんとき考えようよ
聞いてる?
……いけるかも
え?
ちょっと入園課行ってくる
仕事してて!
締切5分前
区役所
すみません
ここの項目の「危険」の定義教えてください
児休業法に定める育児
自営で中心者でない

危険な職業

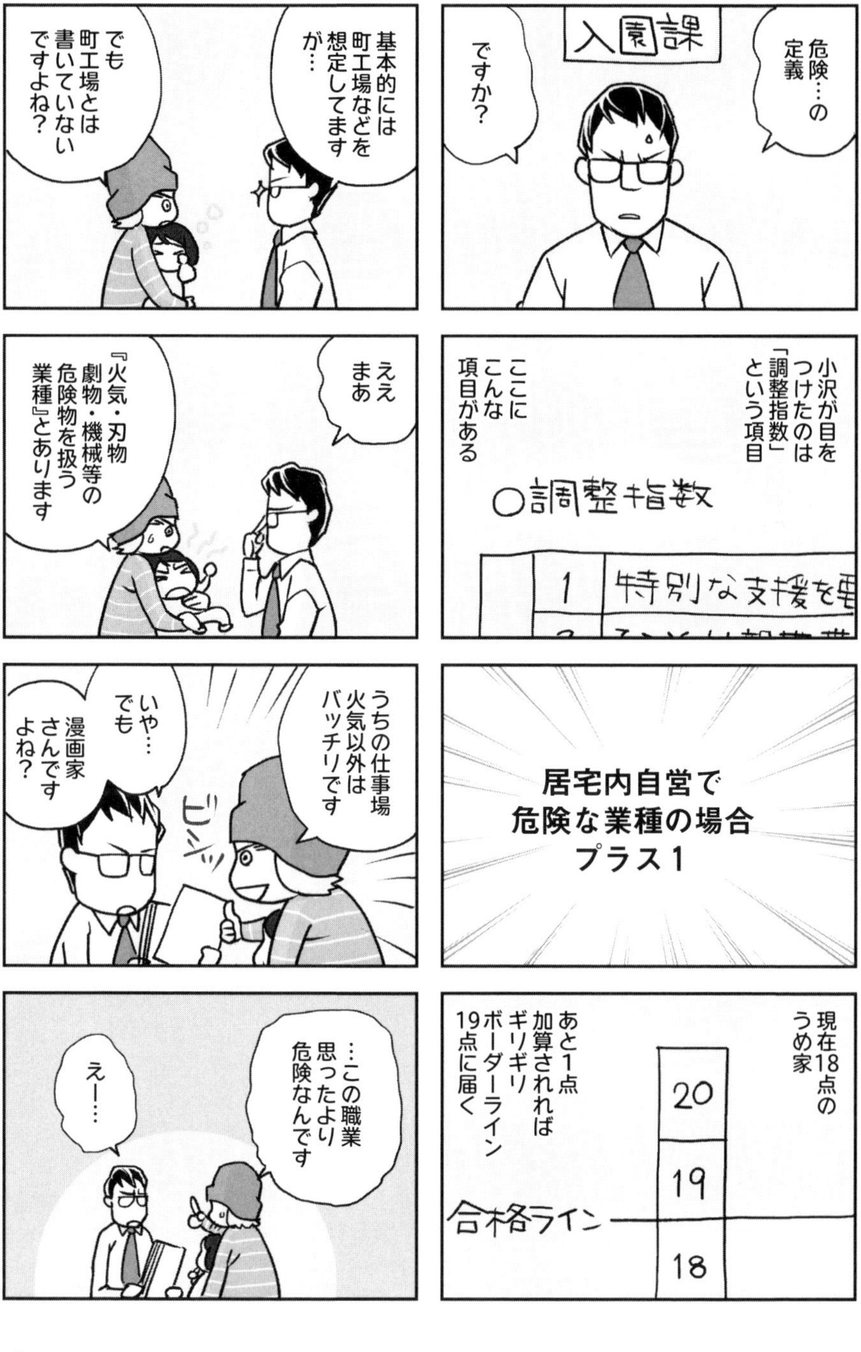
入園課
危険…の定義
ですか?
小沢が目をつけたのは「調整指数」という項目
ここにこんな項目がある
○調整指数
1 特別な支援を要
居宅内自営で危険な業種の場合プラス1
現在18点のうめ家
あと1点加算されればギリギリボーダーライン19点に届く
20
19
合格ライン
18
基本的には町工場などを想定してますが…
でも町工場とは書いていないですよね?
ええまあ
『火気・刃物劇物・機械等の危険物を扱う業種』とあります
うちの仕事場火気以外はバッチリです
ビシッ
いや…でも漫画家さんですよね?
…この職業思ったより危険なんです
えー…

斬る！刺す！燃やす！そして…

カッターは刃を1日に何度も折る勢いで使います
替え刃のストックもたくさん
…
あと つけペン
ペン先は大人でも指によく刺さるうえ
子供が誤飲しやすい大きさです
……
スプレーのり 55
ソルベント
揮発性・引火性が強い有機溶剤や
可燃性のスプレーもその辺に転がってます
……
パソコンのほか棚には業務用のスキャナプリンタは床に直置きです
仕事柄18禁のエロ本やエロ漫画なんかもその辺に無造作に…
…それはしまってください
…はい

COLUMN.2

夫婦ゲンカをテレビで実況!?

一緒に暮らし始めて20年。公私ともに対等な関係の2人は、漫画界でも有名なオシドリ夫婦。それでもやっぱり意見の不一致はあるそうで。どんなふうにケンカは収めるんですか?

SEO　「ログをとる」につきますね。主に小沢がわたしの主張をパソコンに書いていって、それをテレビにつなげて大映しにして。

えっ? テレビにログを?

SEO　それで「ココとココの主張は、まあわかる。でも、ココの主張とバッティングするよね?　どっちが優先度高い?」みたいな確認をしていくんです。余計な主張は「これは言いがかりくさいよね?」と間引いて、「じゃあ、これは気をつけるけど、こっちは諦めるでどう?」みたいな落としどころを見つける感じかな。それで終了、です。

論理的かつ効率的! 小沢さんの発案?

OZAWA　はい、そうです。すごくいいですよ。

ひええ…。ログ方式を始めたのはいつから?

OZAWA　うーん、いつだろ。MacbookAirが出たあたりかなあ。

SEO　その前に手書きでもやっていたかも。

妹尾さんが怒ってる時に「わかった、今から話を聞くよ」って感じで?

OZAWA　「自分の言ってることの馬鹿さ加減がわかってないみたいだから、教えてやろう」って感じです。

うわー! それ顔に出してます? 隠してます??

SEO　そのまんま口で言われたような。

妹尾さんよく話す気に! すごい!!

話さないと終わらないので渋々です。

（笑）それって全部、記録保存を？

どうなんですか?>小沢　正直見たくはないですけどw

そういえば、保存はしてないですね。もしかしたらクラウドに勝手に残っているかもだけど。

サッパリしてますね！ 決まったこともメモ化したりしない？

メモ化はしたことあります。どこいったんだろ…。

ただ、だんだんログとる頻度も減ってきているかな。

多分1年以上とってない。

1年以上、ケンカなしですか！

なので、この方式は、今後は対子供で使いそうですね。

1点の重み

プラス1点のため ねばる小沢
とにかく とてもじゃ ないですが 仕事場で 子供を安全に 育てられる 環境では ありません
ふーむ
少々お待ち ください
ガタ
受付時間が 過ぎても ねばって 上司と 交渉してくれた 受付の人
…
…十数分後
お待たせ しました
は… はい
やりまし たね
1点加算 された
そして いよいよ 入園審査 発表の日
ゴクリ
もしもし 保育園 入園課です
おめでとう ございます
パァン
なんとか 入園が 決まった

後日談その1

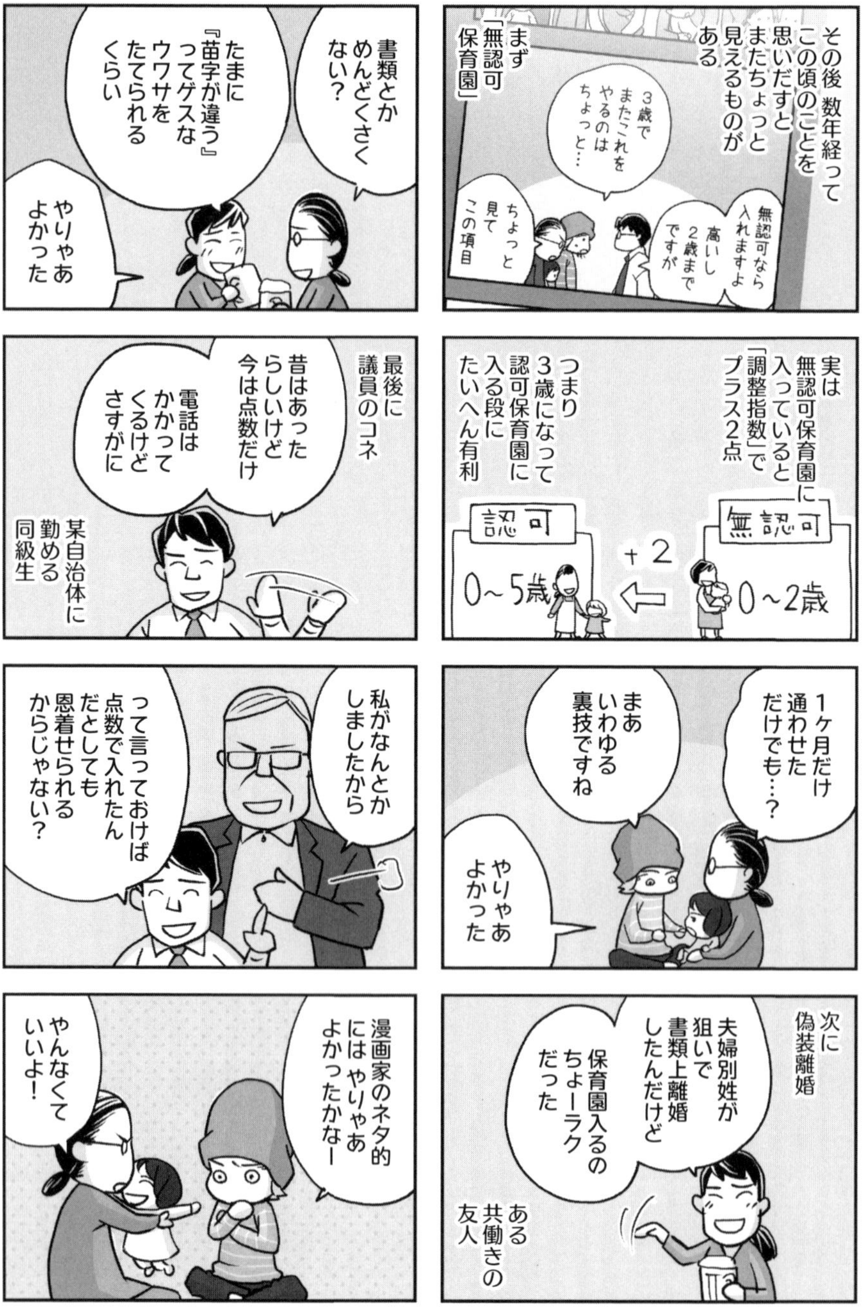

その後 数年経って この頃のことを 思いだすと またちょっと 見えるものが ある
無認可なら 入れますよ
高いし 2歳まで ですが
3歳で またこれを やるのは ちょっと…
ちょっと 見て この項目
まず 「無認可 保育園」
実は 無認可保育園に 入っていると 「調整指数」で プラス2点
つまり 3歳になって 認可保育園に 入る段に たいへん有利
無認可
0～2歳
+2
認可
0～5歳
1ヶ月だけ 通わせた だけでも…？
まあ いわゆる 裏技ですね
やりゃあ よかった
次に 偽装離婚
夫婦別姓が 狙いで 書類上離婚 したんだけど
保育園入るの ちょーラク だった
ある 共働きの 友人
書類とか めんどくさく ない？
たまに 『苗字が違う』 ってゲスな ウワサを たてられる くらい
やりゃあ よかった
最後に 議員のコネ
昔はあった らしいけど 今は点数だけ
電話は かかって くるけど さすがに
某自治体に 勤める 同級生
私がなんとか しましたから
って言っておけば 点数で入れたん だとしても 恩着せられる からじゃない？
漫画家のネタ的 にはやりゃあ よかったかなー
やんなくて いいよ！

後日談その2

前回の議員のコネで入園に関して
友人の元保育士から不穏な証言が飛び出した
議員のコネ？
あるある絶対ある
だってぜんぜん入園と関係ないタイミングで
明日から一人増えるんでよろしく
え!?
とかあったもん
真相は闇の中
うわー
ただのちに
お先に
あの子おとなりの区から通ってるらしいよ
越境？ただでさえ大変なのによく入園できたね
ヒソヒソ
チリン
区のホームページ
あらあらあの子
区議会議員の孫だってよ
隣の区に住む孫を自分の区にごにょごにょしたってこと？
同居してるって建前で？
なんてことはありました
アハハハ
トトト
こちらも真相は闇の中

手作りの壁

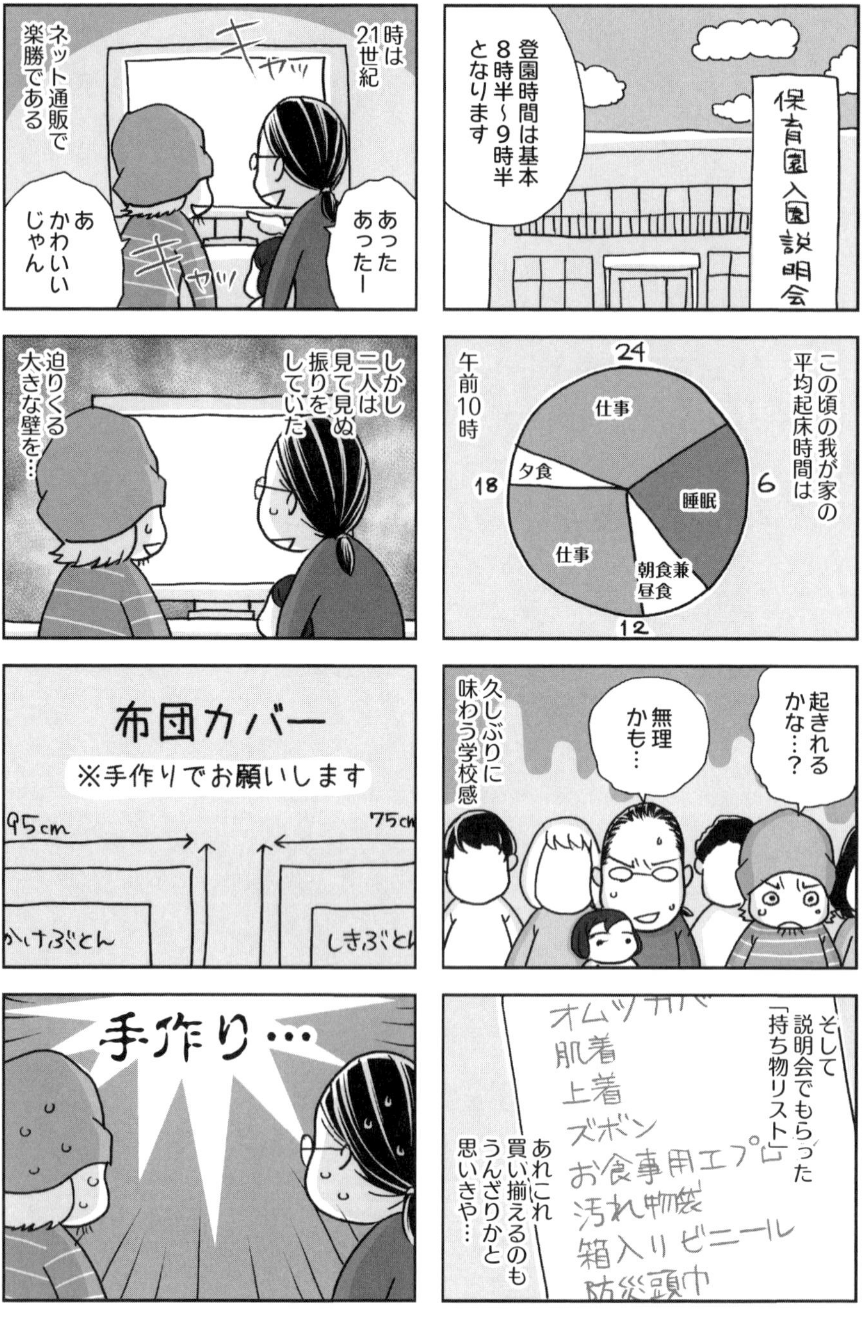
保育園入園説明会
登園時間は基本8時半～9時半となります
この頃の我が家の平均起床時間は
午前10時
24
仕事
6
睡眠
朝食兼昼食
12
仕事
18
夕食
起きれるかな…？
無理かも…
久しぶりに味わう学校感
そして説明会でもらった「持ち物リスト」
オムツカバ
肌着
上着
ズボン
お食事用エプロン
汚れ物袋
箱入りビニール
防災頭巾
あれこれ買い揃えるのもうんざりかと思いきや…
時は21世紀
ネット通販で楽勝である
キャッ
あったあったー
あかわいいじゃん
キャッ
しかし二人は見て見ぬ振りをしていた
迫りくる大きな壁を…
布団カバー
※手作りでお願いします
95cm
75cm
かけぶとん
しきぶとん
手作り…

プライスレス

保育園のお昼寝用布団カバーを作るため
生地屋さん
布売り場に足を踏み入れるふたり
ガラガラ
右を見ても布
左を見ても布
……
漫画家だからって手先が器用とは限らない
これ ボンドとかでくっつけちゃダメなの？
両面テープとか？
ヒソ
ヒソ
そんなとき天の助けが
保育園用 布団カバー 作ります
あ！
そういえば拙著『スティーブズ』の原作・松永さんが言っていた
子育ては若いうち体力にもの言わすか
年取ってから金にもの言わすかだよ
笑顔で身もフタもないことを言うエンジニア →
迷わず金で解決を選ぶふたり
保育園用 布団カバー 作ります
あの これ！
お願いします！
あーこれ
先月で締め切っちゃったんですよー
お金では買えないものもある…
そ…そんな！
そこをなんとか！
保育園開始まであと3日
キッパリ
無理です

最後の希望

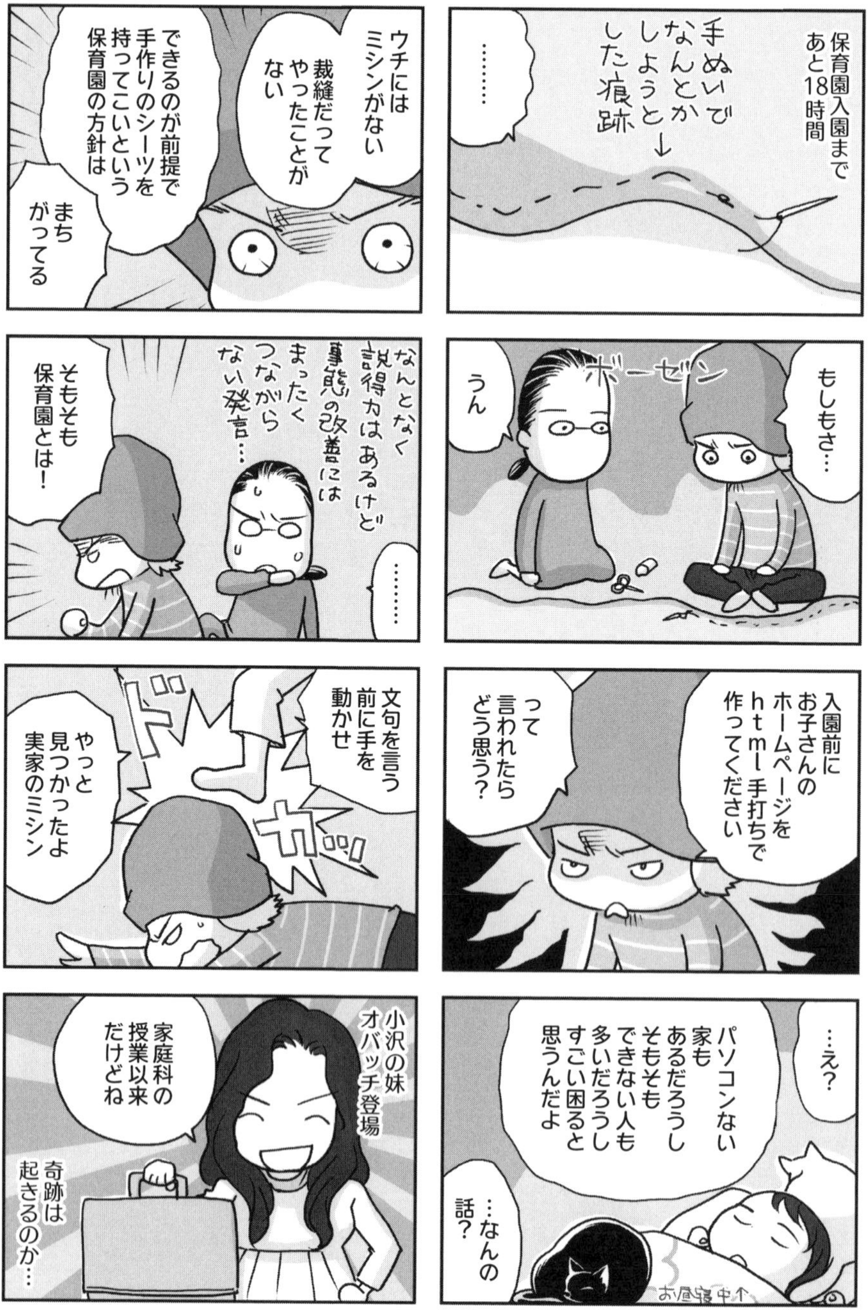
保育園入園まであと18時間
手ぬいでなんとかしようとした痕跡↓
………
もしもさ…
ボーゼン
うん
入園前にお子さんのホームページをhtml手打ちで作ってください
って言われたらどう思う？
…え？
パソコンない家もあるだろうしそもそもできない人も多いだろうしすごい困ると思うんだよ
…なんの話？
お昼寝中↑
ウチにはミシンがない
裁縫だってやったことがない
できるのが前提で手作りのシーツを持ってこいという保育園の方針は
まちがってる
なんとなく説得力はあるけど事態の改善にはまったくつながらない発言…
………
そもそも保育園とは！
ド
文句を言う前に手を動かせ
ガ!
やっと見つかったよ実家のミシン
小沢の妹オバッチ登場
家庭科の授業以来だけどね
奇跡は起きるのか…

いよいよ布団カバー製作開始
ウチの母親がよくやってたの見てたからねー
ここに上糸こっちに下糸…と
よく覚えてるね…
小沢の母親は数年前孫の顔を見ることなく他界
生きてりゃこんなん朝飯前なのに
父親なんか生きてたってなんの役にも立ちゃしない
ダダダ
…
そして残り時間8時間
スナップ部分てどうすれば!?
ギャー!曲がった!
裾上げテープ付けときゃ大丈夫!
くっついてりゃいい!
そして深夜4時
なんとか完成
ヨロリ…
アイロンでくっつけただけ
←曲がったぬい目
じゃ会社だから
寝てけば?
寝たら起きれない
じゃあせめて
使用イメージだけでも
フワ
サァ…
スヤァ…
いよいよ明日
登園初日
ふっ…

親も泣きたい

いよいよ初登園
入園おめでと
お子さんをクラスに預けてください
ホールで説明会を行います
バーイ
あーん
あーん
ウチは大丈夫そうだね
一時保育で来たことあるしね
そして説明会終了後
阿鼻叫喚
まあ初日だしこんなもんか
明日からならし保育です
お昼前に迎えに来てください
お昼前!?
3時間しか預けられないじゃん!
保育園を見越して仕事量を増やしてしまっていたふたり
時間との戦いはまだまだ続く
トボトボ
キャッキャッ

保育士Kあらわる

ノルマ終了ッ!!
ボコ
ボコ
はい おつかれ
ボコ
なんかさ…
あれ目から汗が・・・
コポコポ
産後はじめてゆっくりコーヒーを淹れた気がする
3時間って
ほー
こんなに長かったっけねー
これで18時まで預けられるようになったら…
なったら!
保育園
連載増やせる
パァァァァ
酒飲める
あのちなみに
ならし保育ってだいたいいつくらいまで…
ぎえええええ
えーとそうですねだいたい…
ズイッ
わかりませんねお子さんによってぜんぜん違うので
ベテラン保育士K
……
強敵現る

静かな戦い

保育園と保護者で
子供の様子を
共有するための
「連絡ノート」
このノートを舞台に
長く預かってほしい
我々と慎重な園側の
攻防が繰り広げられた
4月×日(金)
【家での様子】
落ち着いた様子で
4時から6時までお昼寝
(訳)お昼寝が習慣化してます
通常保育いけそうです
【園での様子】
泣き出してしまい気持ちが
おさまらないようでした
(訳)いやいや
4月×日(月)
【家での様子】
公園で楽しげに他の子と遊び
お昼寝を20分ほど
(訳)お友達とも遊べます
そろそろどうですか?
【園での様子】
ママの姿が見えなくなると
大泣きし廊下の出入り口に
立って泣いていました
(訳)まだまだ
4月×日(火)
【家での様子】
仕事のためおじいちゃんに
子守りを頼んだが後半は
ずっと泣き声が
(訳)早く!仕事がヤバい
【園での様子】
他の子が泣いていると
泣き出してしまいます
(訳)だから無理だって
4月×日(水)
【家での様子】
夜仕事のため会社帰りの
叔母に子守りを頼んだ
(訳)仕事が激ヤバもう無理
【園での様子】
泣き止んで遊びますが
時々思い出したように
泣いていました
(訳)ダメなものはダメ
4月×日(月)
【家での様子】
夕食後お気に入りのDVD
鑑賞 その間に仕事を
(訳)もう子守を頼めるのは
正義の味方しかいません
【園での様子】
昨日より泣くことが少なく
園庭で花やカメを見て
ごきげんでした
泣くことが少なく?
ごきげんでした?
もしや
これは
こういう
こと?
そろそろ
通常保育
いいですよ
ベテラン
保育士K

しつこい小沢ふたたび

4月×日(木)
【家での様子】
スッキリ起き
朝ごはんもよく食べ
熱もない
おはようございます!
(訳)通常保育を始めるには完璧な状態です
まだまだ無理でしょう
でも一時保育のときは夕方まで…
昨日の日記を思い出す
それであの今日のお迎えなんですけど
wellcome♡
保育士K
一時保育は保育士がマンツーマンで見てましたから
バッサリ
……はあ
…しかし
今日も12時お迎えで
キッパリ
あれっ!?
何か?
でもいつまで慣らすかわからないってチュートリアルが不親切だろー?
ウチはフリーランスだからなんとか対応してるけど
会社員だったら上司に毎日ため息つかれてるよ
就職決まってないと保育園に入れないくせに入ってからこれって難易度高すぎじゃね?
いやその今日仕事が忙しくて
できれば今日から通常保育だといいなあ…なんて♡
と言いたいのをぐっとこらえて
じゃあこういうのどうです?
しつこい小沢ふたたび発動
?

Vs 保育士K

フルタイムの通常保育は難しい…
ということはわかりました
だったら…
ヒュー
ズイッ
お昼寝あけの15時まででどうですか？
うーん…
でもあまり寝るの得意なタイプじゃないですよね
キッパリ
うっ
さすが保育士よく見てらっしゃる
ええまあ…
しかしここで折れたら元も子もない
じゃあもし寝ないとか泣きっぱなしとかだったら…
ヒュ〜
電話ください
10分で迎えに来ます！
…
…
在宅フリーランスの強みを最大限に利用
なるほど…
その日は結局16時半まで預かってくれました
どうでした？
今日はちゃんとお昼寝もして
実績解除
よかったーおかげで仕事進みました

STEP 2

娘は ショートスリーパー

IKUMEN TO YOBANAIDE
NIBUN NO IKUJI

IKUMEN TO
YOBANAIDE
NIBUN NO IKUJI

とーたん　かーたん

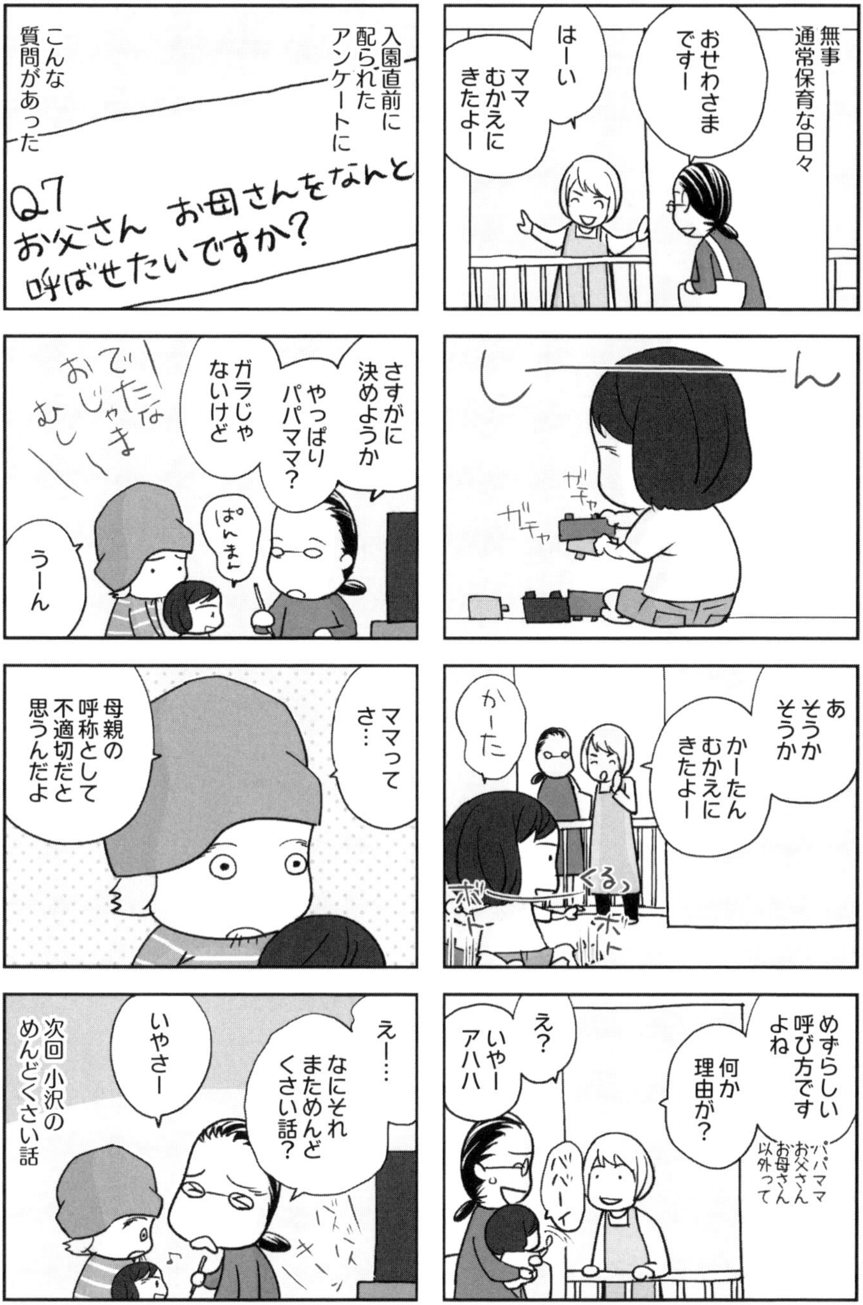

無事 通常保育な日々
おせわさま です－
はーい
ママ むかえに きたよー
し────ん
ガチャ ガチャ
あ そうか そうか
かーたん むかえに きたよー
かーた
くるっ
ボト ボト
めずらしい 呼び方ですよね
何か 理由が？
パパママ お父さん お母さん 以外って
え？
いやー アハハ
パパーィ
入園直前に 配られた アンケートに
こんな 質問があった
Q7 お父さん お母さんをなんと 呼ばせたいですか？
さすがに 決めようか
やっぱり パパママ？
ガラじゃ ないけど
でたな おじゃまむし
ぱんまん
うーん
ママって さ…
母親の 呼称として 不適切だと 思うんだよ
えー…
なにそれ まためんど くさい話？
いやさー
次回 小沢の めんどくさい話

ママの正体

生後3ヶ月の頃 はじめて発した 泣き声以外の声は
あー
だった
もちろん 意味なんて なくて
あー
あー
口を開けて なんとなく 息をしたら 出ちゃった音
楽器 みたいで 楽しいの かねー
そこに 口を閉じる 動作を 加えると
んまー
んまー
・・・
ニャー
となる
そこに親が 反応するなり
ママ ですよー
まぁうちの子 天才かしら
ご飯が もらえる なりして
ニャッ
もう しゃべれる なんて
まんま ねー
音と意味が 結びつく
ママ
フン フン
まんま
あらわれて たいへんな ことに
きっとこれが 「ママ」 「まんま」の 正体なんだよ
てことは ウチみたいに 半々で子守り してる場合
ママ＝オレ になる 可能性も!!
危険!!
あー…… …… …ねえ
ハイハイ
とーちゃん かーちゃんて 呼ばせようと 思ったけど
うまく発音 できなくて とーたん かーたんに
もうめんどくさいので だいぶはしょりました(妹尾)
へー

のの！

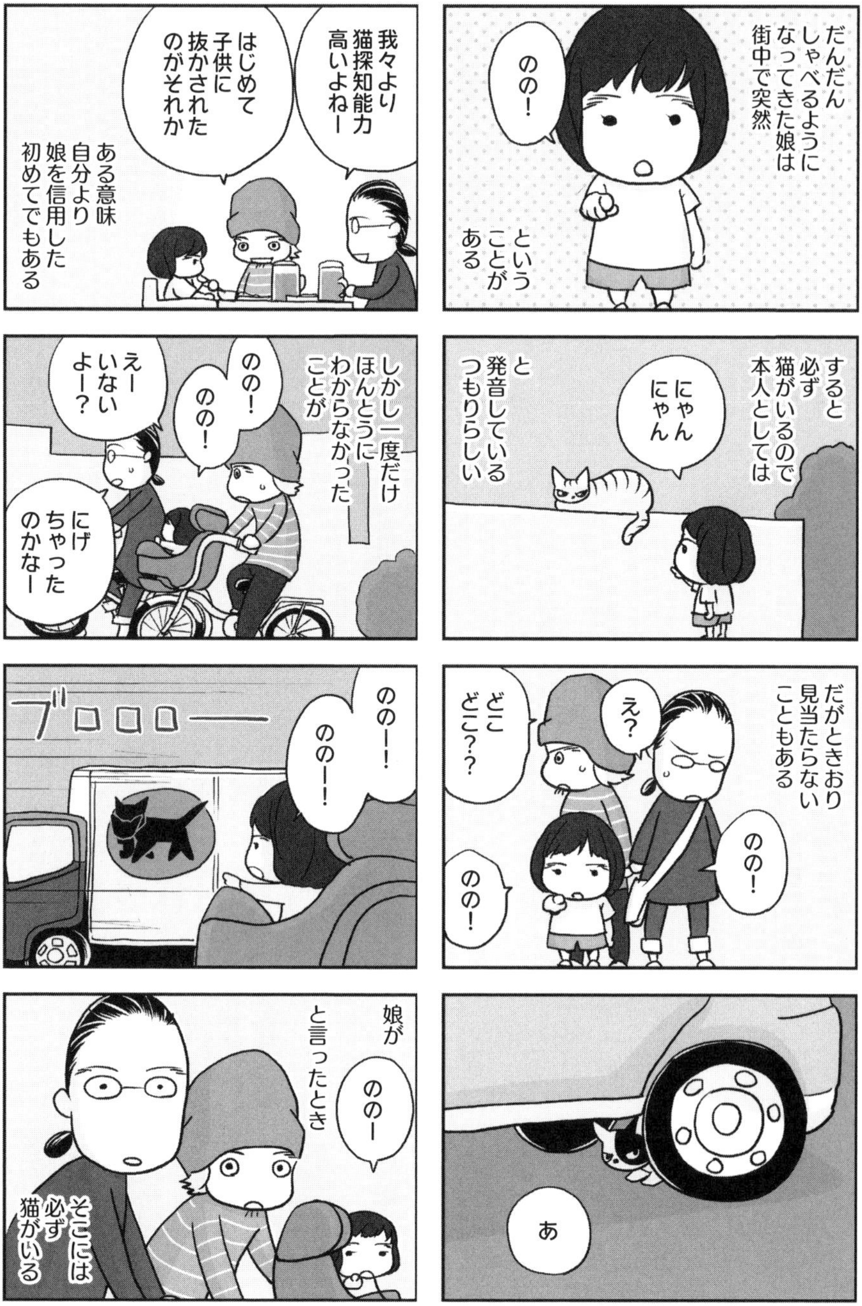

だんだんしゃべるようになってきた娘は街中で突然
のの！
ということがある
すると必ず猫がいるので本人としては
にゃんにゃん
と発音しているつもりらしい
だがときおり見当たらないこともある
え？
のの！
どこどこ？？
のの！
あ
我々より猫探知能力高いよねー
はじめて子供に抜かされたのがそれか
ある意味自分より娘を信用した初めてでもある
しかし一度だけほんとうにわからなかったことが
のの！
のの！
えーいないよー？
にげちゃったのかなー
ブロロロー
のの－！
のの－！
娘が
のの－
と言ったとき
そこには必ず猫がいる

解読

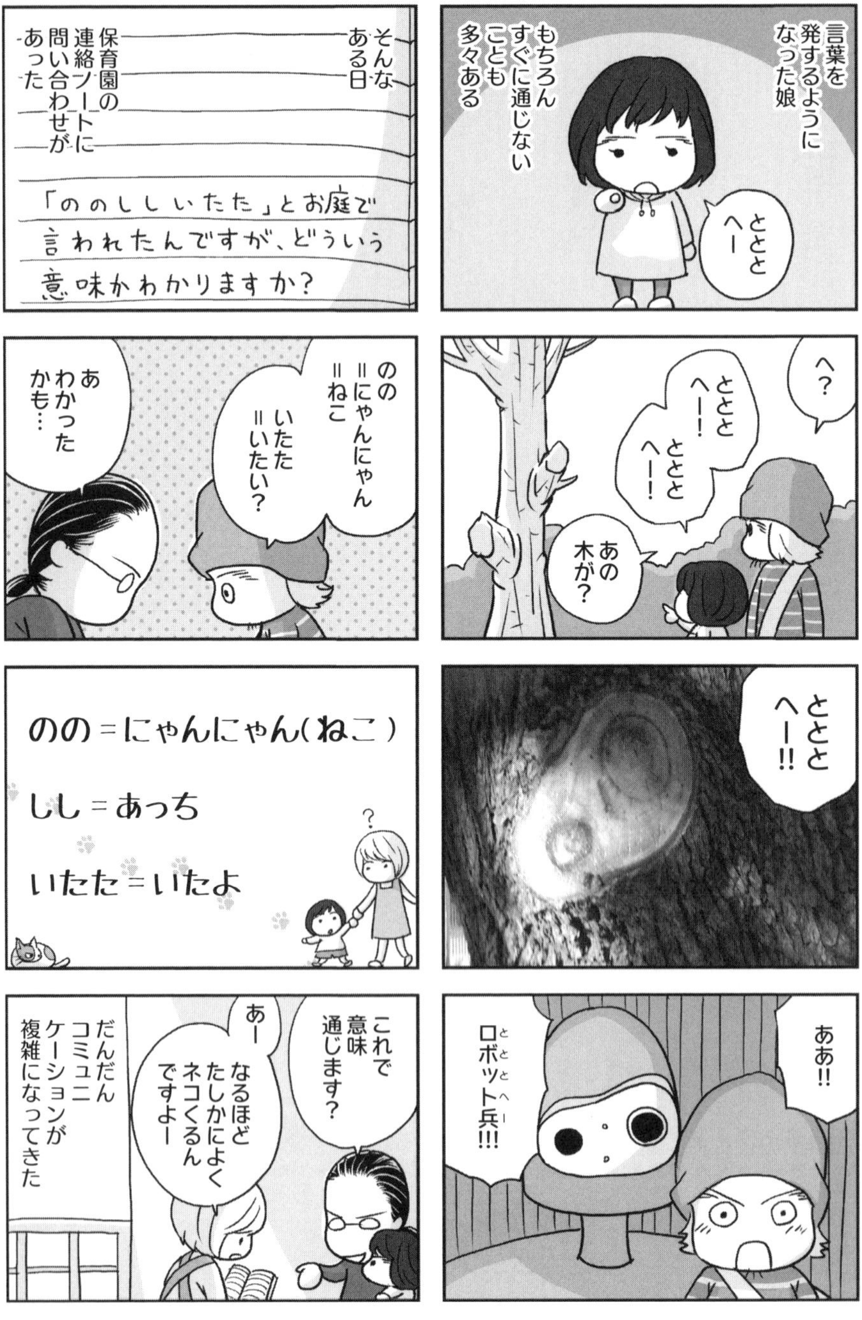

言葉を発するようになった娘
もちろんすぐに通じないことも多々ある
ととと へー
へ？
ととと へー！ ととと へー！
あの木が？
ととと へー!!
ああ!!
ロボット兵《とととへー》!!!
そんなある日
保育園の連絡ノートに問い合わせがあった
「ののしし いたた」とお庭で言われたんですが、どういう意味かわかりますか？
のの＝にゃんにゃん＝ねこ
いたた＝いたい？
あ わかったかも…
のの＝にゃんにゃん（ねこ）
しし＝あっち
いたた＝いたよ
？
これで意味通じます？
あー なるほど たしかによくネコくるんですよー
だんだんコミュニケーションが複雑になってきた

オムツの事情

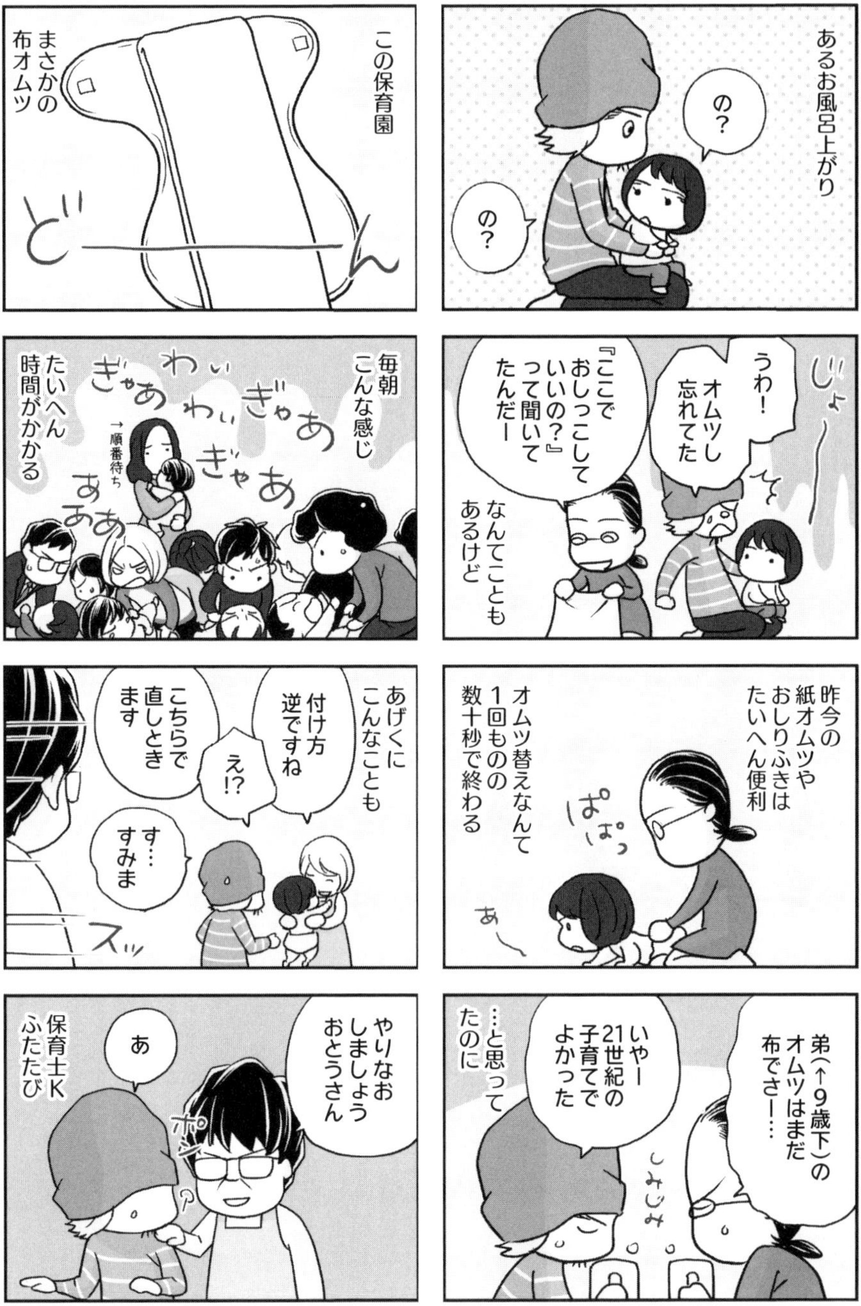

あるお風呂上がり
の?
の?
じょ〜〜
うわ! オムツし忘れてた
『ここでおしっこしていいの?』って聞いてたんだー
なんてこともあるけど
昨今の紙オムツやおしりふきはたいへん便利
オムツ替えなんて1回ものの数十秒で終わる
ぱぱっ
あ〜
弟(↑9歳下)のオムツはまだ布でさー…
いやー21世紀の子育てでよかった
…と思ってたのに
しみじみ
この保育園
まさかの布オムツ
どーーーーん
毎朝こんな感じ
たいへん時間がかかる
ぎゃあ わい
わい ぎゃあ
ぎゃあ
ああ
→順番待ち
あげくにこんなことも
付け方逆ですね
え!?
こちらで直しときます
す…すみま
スッ
保育士Kふたたび
やりなおしましょうおとうさん
あ
ポン

まっ赤

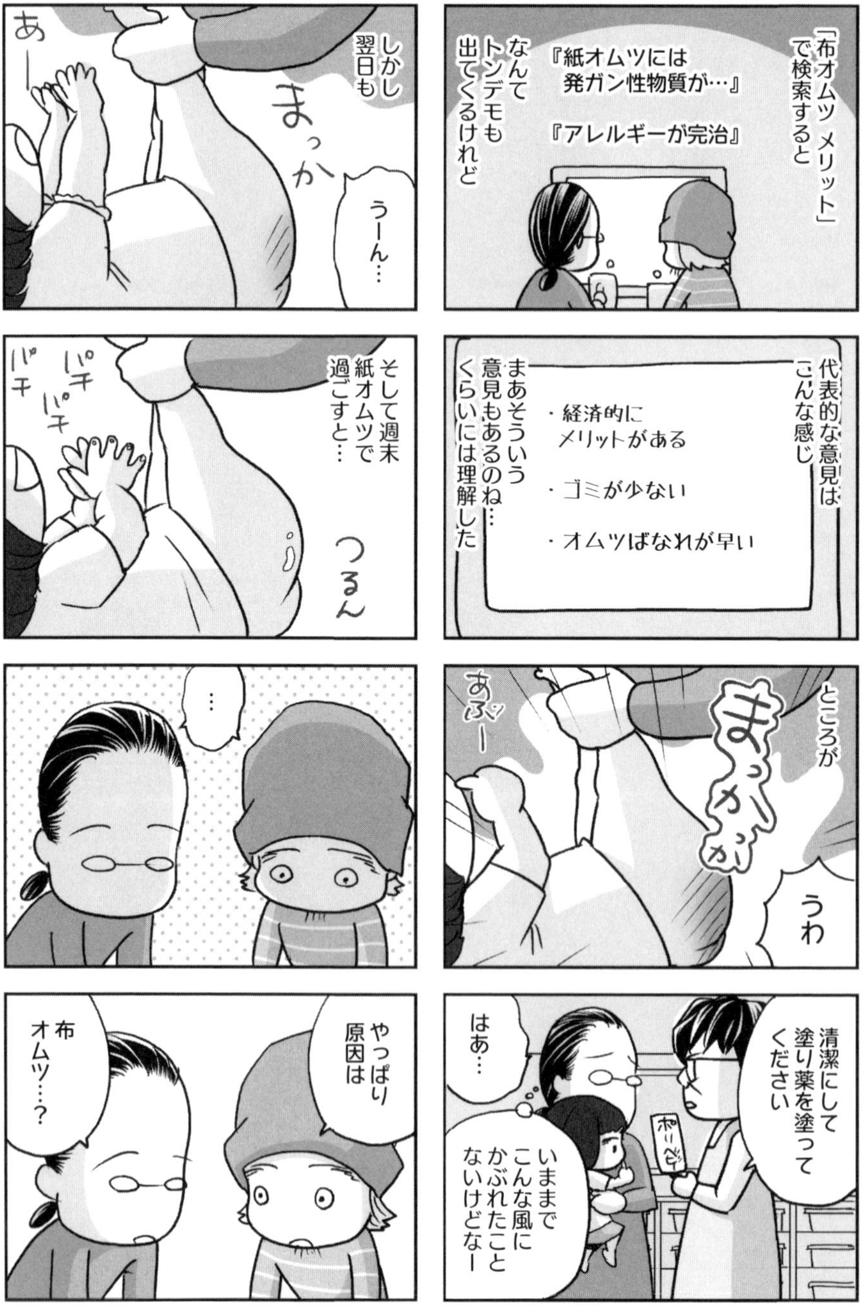
「布オムツ メリット」で検索すると
『紙オムツには発ガン性物質が…』
『アレルギーが完治』
なんてトンデモも出てくるけれど
代表的な意見はこんな感じ
・経済的にメリットがある
・ゴミが少ない
・オムツばなれが早い
まあそういう意見もあるのね…くらいには理解した
ところが
まっかー
あぶー
うわ
清潔にして塗り薬を塗ってください
はあ…
いままでこんな風にかぶれたことないけどなー
しかし翌日も
まっか
あーー
うーん…
そして週末紙オムツで過ごすと…
パチパチパチ
つるん
…
やっぱり原因は
布オムツ…？

紙 vs 布

週末のことを報告
布だと交換までウンチがついてる時間が長くてかぶれるんじゃないかと…
すみませんこまめに確認してはいるんですが…
それはそうだと思うんですよそうに違いありません
？
つまりですね
保育士さんに不満はないとアピール
しばらく紙オムツというわけにはいきませんか？
え？
でも…保育園には紙オムツのストックがないので…
ええええでも…
持ってきました！
ちらっ
さっ
こくり
じゃ…じゃあお預かりしますね
よろしくお願いします～
シャ
…
保育士K
もうちょぃ何か言ってくると思ってたんだけどな…
シャー

オムツの裏事情

紙おむつの日々
今日は買物ないし公園寄ってくかー
キッ
おしりもツルツルで機嫌もよい
こーえこーえ!
こんばんは
ぶらーーん
わっ K先生!?
これ腰痛によく効くんです
よかったですねえおしり
は…はあ
実は布おむつになったの
今の区長に変わってからなんです
えっ?
以前は紙でした
へー
どっちが現場の負担大きいですか?
布です
ストン
ではまた明日
カー
カー
キャッ
キャッ
…さよならー
どんな世界にも事情はある
やった!オバケがくると脅したら早く寝ました!
それはダメな寝かしつけですね
キッパリ
ええっ
だんだん保育園にも慣れてきた

梅雨なので

今日も関東地方は一日中雨模様とみられ…
子供できる前は梅雨なんて関係なかったのにねえ
引きこもる仕事だしね
ザァァァ
洗濯物が乾かない 送り迎えが徒歩 外で遊べなくてストレスがたまる子供など
なかなか厄介な梅雨の季節
沖縄地方は今日も晴れ
今日〝も〟？
いいなあ
まさか…ねー？
原稿は明日あがるけどさ…
いやいやそんな急に飛行機取れな…
昼便なら空いてる
というわけでフリーランスの特権を活かし
急遽娘が生まれて2度目の沖縄旅行
ウキ
ウキ
飛行機の中でお昼食べよっか
空 弁
しかしまだ我々は気がついていなかった
お弁当どれにする
これは？
フル
フル
フル
じゃあこれは？
ウキ
こっちもおいしそうだね
ウキ
ウキ
やや！
魔のイヤイヤ期がすぐそこまで迫っていたことに…
ブン
ブン
ブン
やーや！

魔の2歳児

英語でこういう表現がある
"terrible twos"
やーや!
何をしても機嫌が悪い「魔の2歳児」
日本でいうイヤイヤ期のことである
絵本あるよ
や!
あっ!コラ!
すみません
なんとなく『イヤイヤ』が増えたとは思ってたけど
まさかこのタイミングかー
おにぎり食べようか?
やっ!
大好きな梅干しのおにぎりだよー
もくもくもく…
やー
べっしゃあ〜
この間に3分経過
あ おかしがあったー
5分
お外見にいこうか
2分
密室空間でこのモードに入った子供との攻防は分単位で時間を稼ぐしかない
那覇まで残り55分

こんなこともあろうかと

やや!
やーや!
スイマセン
この時計が進まない感じって
高校の頃のバイト以来かも
しかし我々とてまったく対策を怠っていたわけではない
…こんなこともあろうかと
ガサ
ガサ
たすけて!
ちゃ
アーンパーンマーン
何話入ってるの?
6話
1話12分として…
フフフ1時間以上もつ
じ〜
じゃあ
そう…我々の勝ちだ
と思いきや
プツン
まさかの電池切れ
やあああああああああああ
那覇まであと25分

最後の手段

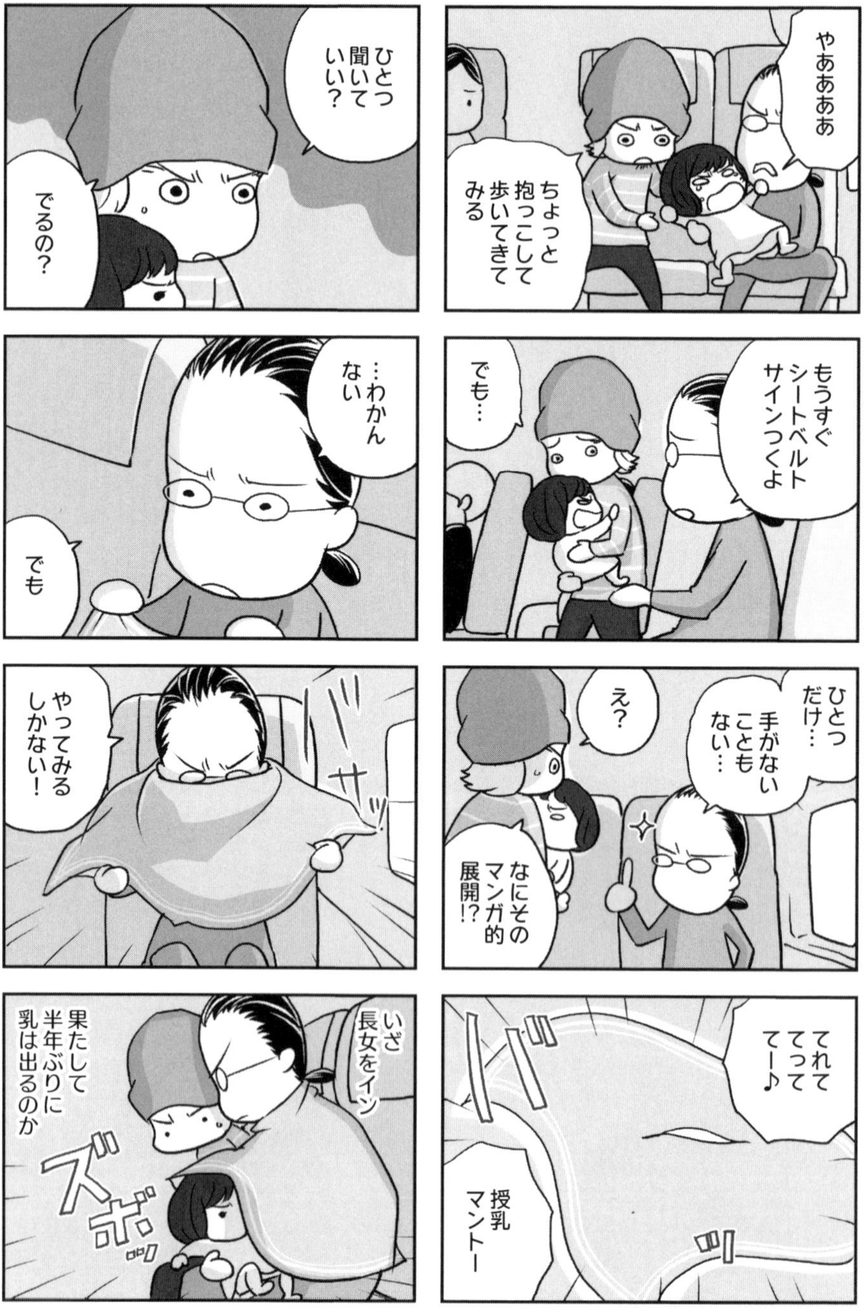
やあああああ
ちょっと抱っこして歩いてきてみる
もうすぐシートベルトサインつくよ
でも…
ひとつだけ…手がないこともない…
え?
なにそのマンガ的展開!?
てれてってってー♪
バッ
授乳マントー
ひとつ聞いていい?
でるの?
…わかんない
でも
やってみるしかない!
バサッ!
いざ長女をイン
果たして半年ぶりに乳は出るのか
ズボッ

乳の味

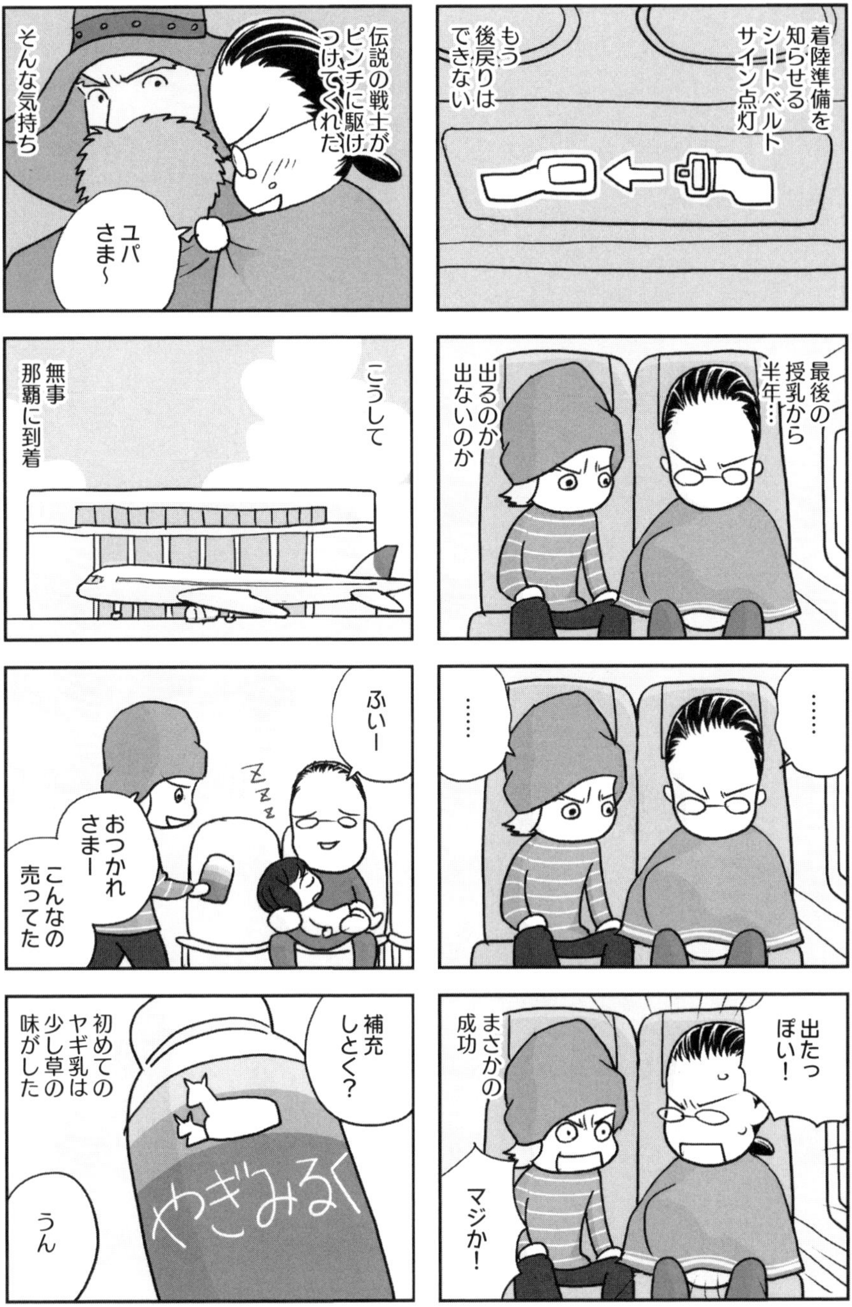
着陸準備を知らせるシートベルトサイン点灯
もう後戻りはできない
最後の授乳から半年…
出るのか出ないのか
……
……
出たっぽい!
まさかの成功
マジか!
伝説の戦士がピンチに駆けつけてくれた
そんな気持ち
ユパさま~
こうして
無事那覇に到着
ふいー
おつかれさまー
こんなの売ってた
補充しとく?
初めてのヤギ乳は少し草の味がした
うん
やぎみるく

ぬげよ　ひめさま

那覇空港から小さな飛行機に乗り換え
5年ぶり3度目の石垣島へ
石垣空港（当時）はタラップを降りると徒歩
通路はおろか日よけすらない
6月にして33度
どれくらい暑いって
あっついねー
くるっ
ねー…
ぬ・い・で・る
…
旅先で使うモノは旅先で買うのがいちばん
そこそこ土地勘はあるので現地調達をする
あやぱにモール
キッ
たしかここなら子供服も
（ど）れすー
くる
くる
お気に召したようでなにより
（おひ）めちゃまー
しかし
ドレスかわいいねー
さーパジャマに着替えてねんねー
や！
（ぬが）あない！！
やや！
娘2度目の沖縄の夜は更けていく

苦労の総量

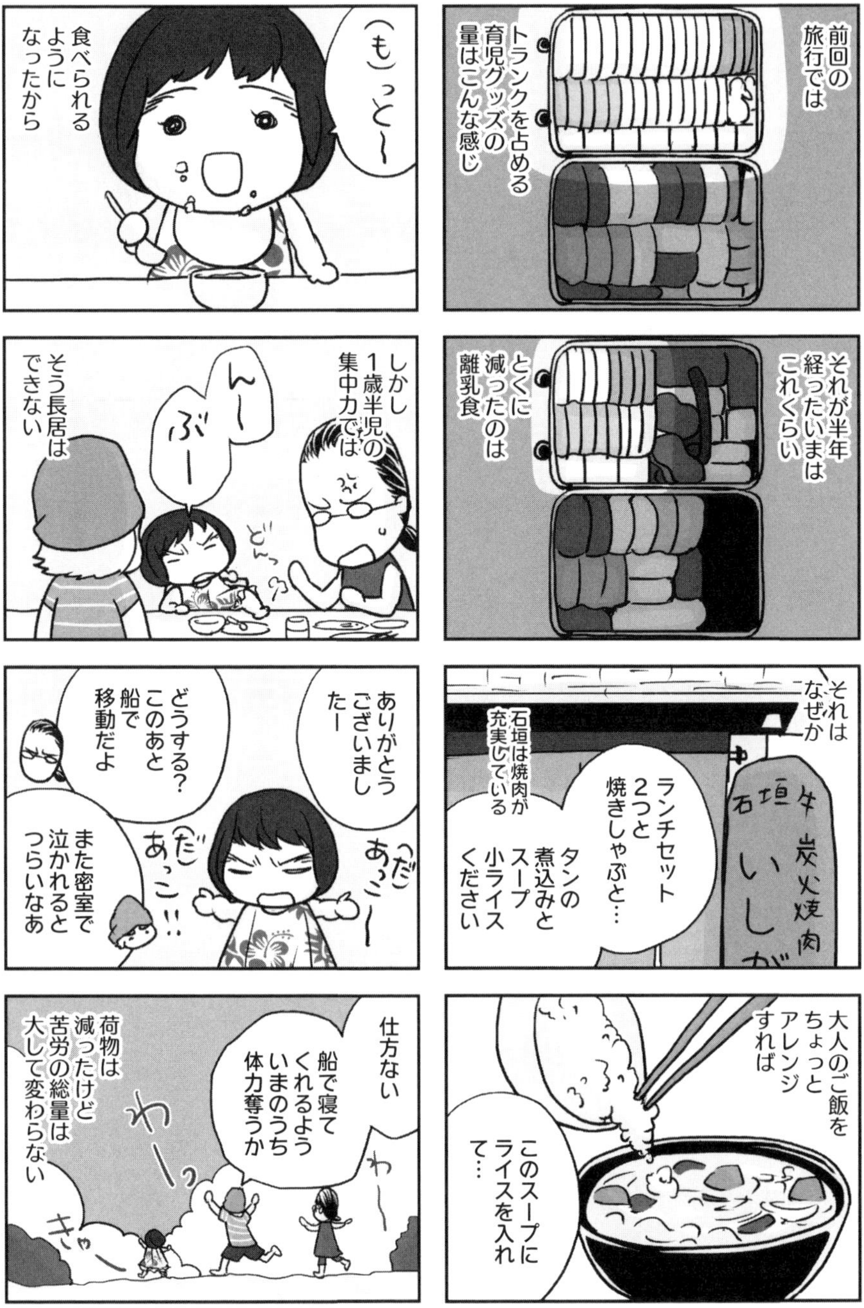

前回の旅行では
トランクを占める育児グッズの量はこんな感じ
それが半年経ったいまはこれくらい
とくに減ったのは離乳食
それはなぜか
石垣は焼肉が充実している
石垣牛
炭火焼肉
ランチセット2つと焼きしゃぶと…
タンの煮込みとスープ小ライスください
大人のご飯をちょっとアレンジすれば
このスープにライスを入れて…
(も)っと〜
食べられるようになったから
しかし1歳半児の集中力では
んーぶーー
そう長居はできない
ありがとうございましたー
どうする？このあと船で移動だよ
(だ)あっこ〜
(だ)あっこ!!
また密室で泣かれるとつらいなあ
仕方ない
船で寝てくれるよういまのうち体力奪うか
荷物は減ったけど苦労の総量は大して変わらない
わ〜っ
わ〜
きゃ〜

ま　まならない日

石垣島から竹富島は
揺れない席埋まっちゃったか…
できるだけまんなかの席にしよう
船はまんなかに近いほど揺れない
船で移動
寝なよー あれだけ公園で遊んだじゃーん
や！
やや
授乳もしたのにもー
作戦失敗
そして南国のビーチで
なんで今寝る！
ざざーーん
子連れだからいちばん遠浅のビーチにしたのに
ぜいたくな昼寝をご堪能
そして夜
晩ごはんのお店あっちだよ
だっこしてあげるから
や
や
やるなあイヤイヤ期
げっそり…
少し散歩させよう
このまま店で不機嫌なのも面倒だし
30分後
あ(だ)っこ
ぐず
ぐず
ぐず
ぐず
やっと疲れてくれたか
よしじゃあネンネしよ
ごはんはあとでなんかあげるから
さーて店は…と
ぐず
ぐず
ん？
どこだここ？
アタシに聞かれても……
娘のいいなりに歩いて迷う
イヤイヤ期あれこれままならない

親の本気

イヤイヤ期に敗れ
南の島で道に
迷った我々
まあでも
地図アプリ
あるし
あー
ぐず
ぐず
あ！
あー…
ぐず
どう
した？
GPSは衛星経由なので
どこでもつながるが
圏外だ…
携帯の電波が
入らないと
地図がDLできなくて
地図アプリ役立たず
真っ暗
だね…
…
街灯も
目印も
なんにも
ない…
ガサ
ガサ
！
この島…
ハブいる？
いる…
この日の発見
……
親が本気で焦ると
イヤイヤ期の
子供も黙る
結局店に
ついたのは
うわ起きた！
ねなよ！
1時間ほど
迷ったあと
でした
営業

最後の夜

あれこれままならないまま旅は続き
じゅうく〜のぉ〜
ぶーっ
コラッ
そして最後の夜
授乳でやっと寝た
宵っ張りだねー
おつかれ
大きくなった分もうちょっと旅行ラクになるかと思ったけど
うっかり授乳も再開しちゃったし
そうはいかんね
カン
前の方がダッコするのも楽だったしね
オムツとれたらもうちょいラクになるかなあ
それはそれでめんどくさいらしいよ
いちいちトイレ連れてくのも
ぷはぁ〜
あー…
まあでもほら
前よりは私が飲めるようになった
カン
それは大事ですね
明日の帰りの飛行機
授乳よろ
がってん
帰りの飛行機は授乳して
そのまま全員熟睡でした

COLUMN.3 貯金はそれぞれ…その結果!?

お財布別々のうめ夫婦は、原稿料も印税も2分割して振り込みます。
独立した財産を持つことについて、どんな話し合いがあったのでしょうか。

OZAWA 実は昔は、口座は1つだったんですよ。

SEO 2つにしたのは確か、『東京トイボックス』の連載で、「うめ」と別に小沢高広、妹尾朝子とクレジット入れ始めた頃だと思います。

OZAWA 節税目的でね。

あ、なるほど節税ですか。

SEO 口座を別にするために、クレジットを別に入れようってことになった気がする。

OZAWA 収入は半分ずつでも、各種カード、公共料金の引き落としは僕の口座のままなので、残高は妹尾のほうが桁違いに多いです。

大黒柱の役目ですねw

OZAWA の割にはだいぶ細かいこと言ってますが!

SEO 口座が一緒だった頃は、ケンカしても家出できなかったんですが、今は私のほうがいっぱい持ってるから、余裕で家出できるようになりました!

家出、したことあるんですか!?

SEO 2回ほどあります。近くに住んでた友達の家に1時間ほど滞在してから帰ったり。

それって、家出? 遊びに行ったんじゃなく?

SEO 一人目が生まれてからしばらくの間、諍いが多かったんですよ。今思うと多少不安定だったのかも。

OZAWA 子供生まれる前だった気がするけどなー。

生まれたあと！ 長女が古い牛乳を飲んじゃったのが原因だから。

それで妹尾さんが怒った？

小沢が怒りました。

妹尾はつねづね消費期限とかに無頓着な傾向があるんです。前提として。

確かに牛乳を入れたのは私だけど、置きっぱにしたのは私だけの責任なの？
という態度をとって、こじれた感じ。

僕は消費期限には従うタイプで、妹尾に「細かいことを気にしすぎだ」と言われていたという経緯もあります。

飲んですぐべーと吐き出したので、胃にはそんなに入ってないんじゃないかなぁ。

相変わらず気にしてないw これはログとらなかった？

確かとらなかった。とれば、こじれなかったかな。

怒られた

旅行が終わり数日ぶりの保育園
泣くかな?
いってらっしゃーい
いってきます
…かもね
という心配は杞憂に終わったのだけれど
わーっ
えっ!?
旅行中授乳しちゃったんですか!?
お父さん!
保育士Kに怒られる
僕は出ないのでしたのは母親ですが…
そんなことはわかってます
せっかく卒乳したのにダメじゃないですか!
え
す…すみません…
でもあの日の機中では他に手はなかったし
やああああ
あああああ
とも思うけれど
あーっ!!
なんかまた授乳しないと寝なくなっちゃった
たしかにちょっとよろしくない状況になっていた
……

二度目の断乳

二度目の断乳を試みる我々
あー
断乳ってどうやるんだっけ
乳に怖い絵描くとかカラシを塗るとかいうけどねえ
ウチは結局
1歳になったらやめようねー
って予告を出し続けて説得したっけ
1歳=断乳という理屈を壊したのは親の都合
じた
ッパイ
ッパイ
ばた
オッパイは1歳でおしまいだったでしょ?
どうにも説得力に欠ける
だない!
旅行中は特別だったんだってば
うわあああああ!
簡単には丸め込まれないよ…
1歳のときより成長してるな
よし!じゃあほらミルクで妥協しない?
やっ!
バシッ
妥協がわかるほど大人でもなく
……
イヤイヤ期とも相まって二度目の断乳難易度高し

… 寝ない

寝かしつけに
1時間
ッパイ
だーめ
ねんね
ひどいときは
2時間ちかく
かかる日々が続く
保育士Kに
もう絶対に
ダメですよ
と
言われているので
授乳して寝かせる
わけにもいかない
代わる
よ
授乳は
できないけど
トントンぐらい
できるから
ああ〜
仕事
しなよ
ポン
…悪いね
——と
ここまでは
いい話だった
しかし
1時間程
たった頃
カリカリ
ひゃあ〜〜
突然寝室から
小沢の奇声が
!?
ガラッ
どうした!?
そこで妹尾が
見たものは…
……!?
次回に
続く!

父の乳

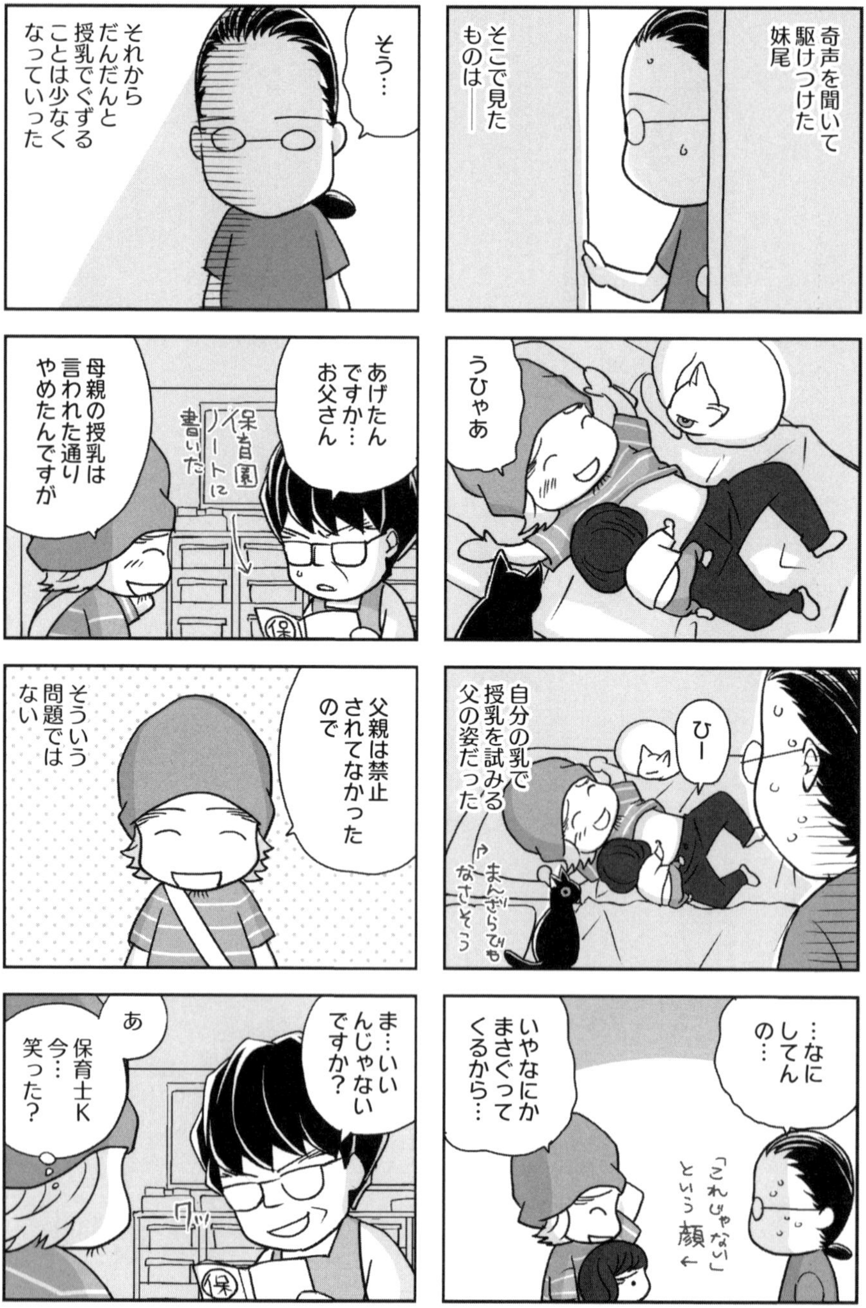

奇声を聞いて駆けつけた妹尾
そこで見たものは──
うひゃあ
自分の乳で授乳を試みる父の姿だった
ひー
♪まんざらでもなさそう
…なにしてんの…
いやなにかまさぐってくるから…
「これじゃない」という顔←
そう…
それからだんだんと授乳でぐずることは少なくなっていった
あげたんですか…お父さん
保育園ノートに書いた
母親の授乳は言われた通りやめたんですが
父親は禁止されてなかったので
そういう問題ではない
ま…いいんじゃないですか?
あ
保育士K今…笑った?

郵便はがき

料金受取人払郵便

銀座局
承認

5127

差出有効期間
平成31年11月
11日まで
※切手を貼らずに
お出しください

1 0 4 - 8 7 9 0

6 2 7

東京都中央区銀座3-13-10

マガジンハウス
書籍編集部
愛読者係 行

ご住所	〒		
フリガナ		性別	男 ・ 女
お名前		年齢	歳
ご職業	1. 会社員（職種　　） 2. 自営業（職種　　） 3. 公務員（職種　　） 4. 学生（中　高　高専　大学　専門） 5. 主婦 6. その他（　　）		
電話		Eメール アドレス	

この度はご購読ありがとうございます。今後の出版物の参考とさせていただきますので、裏面のアンケートにお答えください。**抽選で毎月10名様に図書カード（1000円分）をお送りします。**当選の発表は発送をもって代えさせていただきます。

ご記入いただいたご住所、お名前、Eメールアドレスなどは書籍企画の参考、企画用アンケートの依頼、および商品情報の案内の目的にのみ使用するものとします。また、本書へのご感想に関しては、広告などに文面を掲載させていただく場合がございます。

❶お買い求めいただいた本のタイトル。

❷本書をお読みになった感想、よかったところを教えてください。

❸本書をお買い求めいただいた理由は何ですか?

●書店で見つけて　●知り合いから聞いて　●インターネットで見て
●新聞、雑誌広告を見て(新聞、雑誌名＝　)
●その他(　)

❹こんな本があったら絶対買うという本はどんなものでしょう?

❺最近読んでよかった本のタイトルを教えてください。

ご協力ありがとうございました。

はじめての保護者会

ある日のこと
今日の保護者会参加できそうですか？
えっ!? 保護者会!?
ちょっと前にプリントでお知らせしたんですが…
え… あー
小学生のとき↓親にプリントを渡さなかったタイプ
最初なのでできるだけご出席いただけると…
えぇ はい
ってことなんだけど
あちゃー 1週間前にもらってたわ
→小学生のとき…（以下略）
でどっちが…
作画がたまってる人←
え…
いや…いってきます
→シナリオあがった人
昼間にめんどくさいなあ…
くらいの気持ちで行った保護者会は
思いの外アウェイだった
こんにちはー
→オールお母さん
し…失礼します…

アウェイ

はじめての保護者会はじまる
今日はお忙しい中たくさんのお母さん方にお集まりいただき…
最近はイクメンなんて言葉もありますし
お父さんもどんどん積極的に育児に参加してくださいね
あ
……
いままでも
今日はお父さんもいらっしゃってますね
かたくならなくていいんですよ～
ドッ
普通に育児してきたつもりだったんだけど
ハハ…
クス
クス
クス
いいおとうさんね～
ホントにね～
あちらに悪気がないのはわかってるわかってる
モヤモヤ

アピール

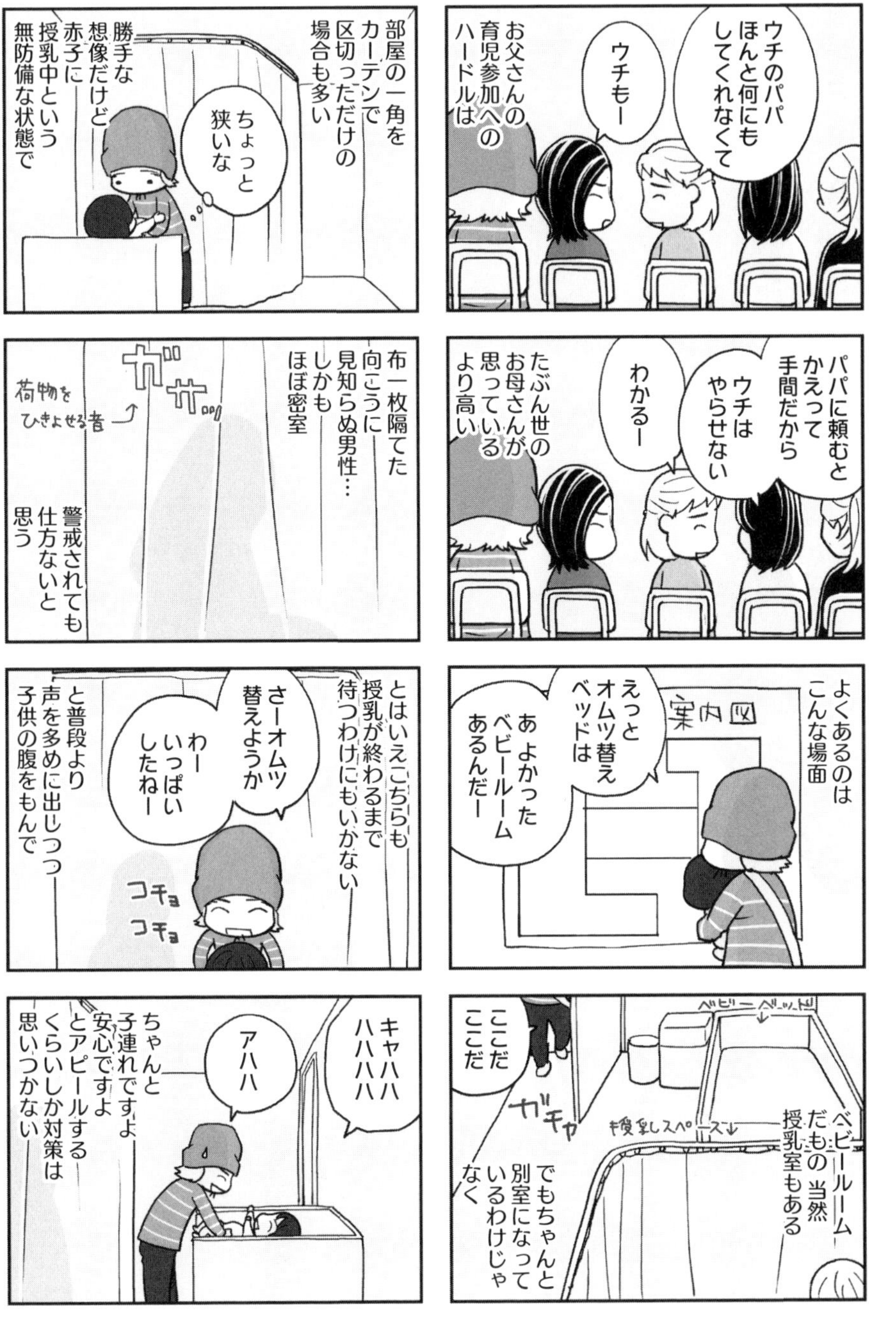
ウチのパパほんと何にもしてくれなくて
ウチもー
お父さんの育児参加へのハードルは
パパに頼むとかえって手間だから
ウチはやらせない
わかるー
たぶん世のお母さんが思っているより高い
よくあるのはこんな場面
案内図
えっとオムツ替えベッドは
あよかったベビールームあるんだー
ベビールームだもの当然授乳室もある
ベビーベッド↓
ここだここだ
ガチャ
授乳スペース↓
でもちゃんと別室になっているわけじゃなく
部屋の一角をカーテンで区切っただけの場合も多い
ちょっと狭いな
勝手な想像だけど赤子に授乳中という無防備な状態で
布一枚隔てた向こうに見知らぬ男性…しかもほぼ密室
ガサ…
荷物をひきよせる音
警戒されても仕方ないと思う
とはいえこちらも授乳が終わるまで待つわけにもいかない
さーオムツ替えようか
わーいっぱいしたねー
コチョ
コチョ
と普段より声を多めに出しつつ子供の腹をもんで
キャハハハハハハハ
アハハ
ちゃんと子連れですよ安心ですよとアピールするくらいしか対策は思いつかない

犯罪？

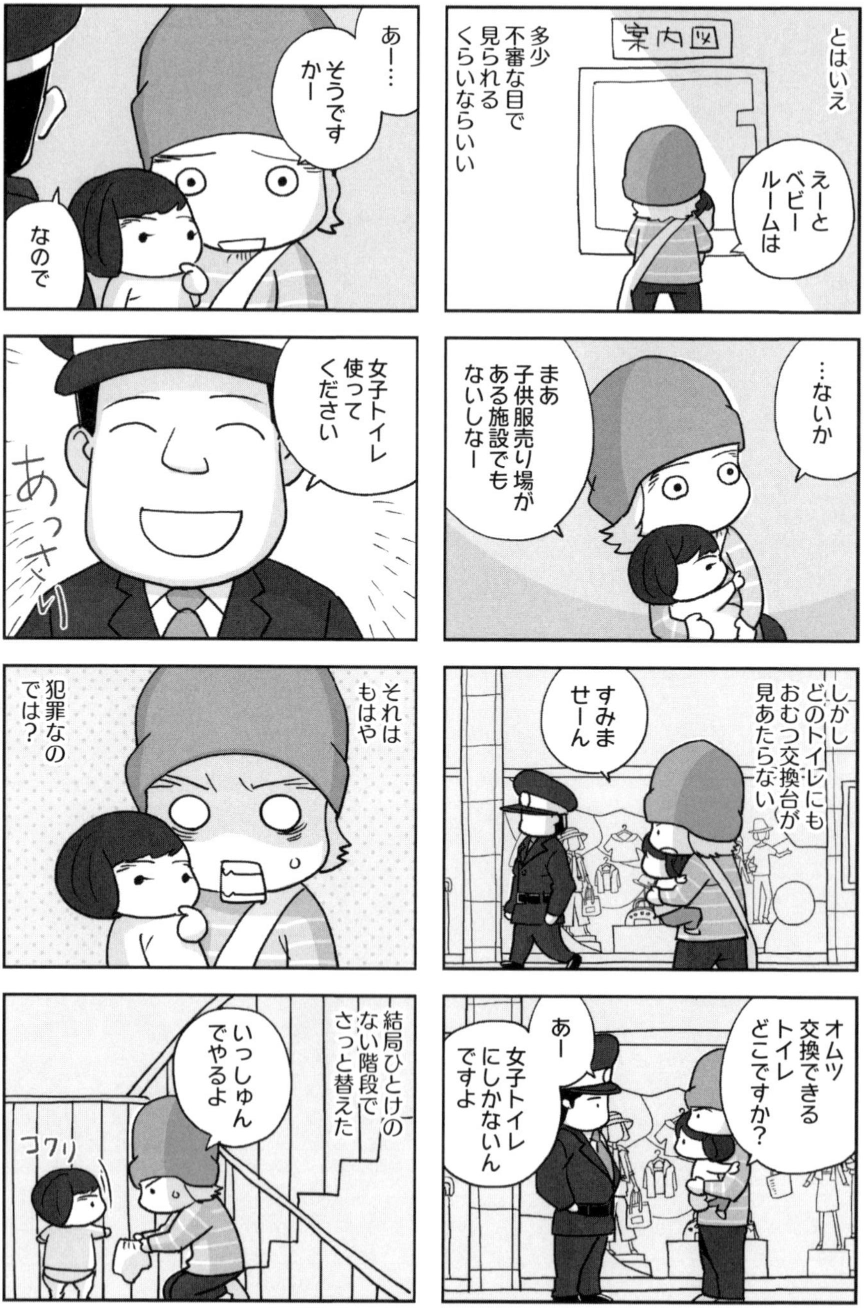

とはいえ
えーとベビールームは
案内図
多少不審な目で見られるくらいならいい
…ないか
まあ子供服売り場がある施設でもないしなー
しかしどのトイレにもおむつ交換台が見あたらない
すみませーん
オムツ交換できるトイレどこですか？
あー
女子トイレにしかないんですよ
あー…
そうですかー
なので
女子トイレ使ってください
あっさり
それはもはや
犯罪なのでは？
結局ひとけのない階段でさっと替えた
いっしゅんでやるよ
コクリ

溝

ただいま
おつかれー どうだった 保護者会？
会社とかで
男性的には男女平等だと思っててもさ
女性から見るとまだまだ男性寄りだよねーってとこあるじゃん
ん？ うん
それを実感したとこ
なんじゃそりゃ
説明後
はは一 なるほどねー
でもさー
お父さんだからって理由でちょくちょく得してない？
そうだっけ？
だってさー こないだも
お帰りなさー……
あ くさい
今オムツ替えますねー
はーい どうも
これが私だと…
お帰りなさー……
あ くさい
そこで替えていいですよー
あ… ハイ
こうだもん
いやそんな…
若い女子はちやほやされていいよねみたいに言われてもー
溝はなかなか根深い

夜型

漫画家といえば徹夜
というイメージを持っている人も多いかと思う
実際ウチの職場でもスタッフが帰るのは22時が定時
おつかれさまー
いまでこそ保育園が朝9時登園なので夜中2時ごろには寝るが
以前は明るくなるまで仕事して
昼ごろ起きるのが日常だった
いいとも～
やっぱり夜中がいちばん集中できるね
静かだしね
というのが主な理由
だが成長するにつけ体力のついた娘の
寝ないっぷりが恐ろしいことに
べっかんこのあっかんべえ
ひどいよノンタンひどいよ
ケタケタ
10数冊
すやあ…
前からときおり描いている「寝ない」問題は
寝かしつけに3時間…
ピークに達していた
Zzz

ショートスリーパー

早く寝かせたいなら早起きさせればいいじゃんど言う人もいるけれど
パチ
娘は典型的なショートスリーパー
夜中近くに寝ても…
あとぼ
へあ？朝5時だよ？
ユサユサ
あとぼ
まだねてなさい
あーとーぼーー
ドスッ
3時半まで仕事してたの！
もうちょっと寝かせて！
ビク
結局
くろいのがいーっぱいいたのー
しくしく
おきにいりのDVDを見せることで手打ちに
それは大変でしたね
保育園でお昼寝しない…ってわけにはいかないですよね？
無茶言わないでください
お昼寝の時間は保育士さんのお昼ごはんやデスクワークの時間でもある
ですよねー
原稿締切1週間前
……
まだ全ページ真っ白
トボトボ
そして追い討ちをかけるように
38・5度…
うわあああああああ

最後の希望

まあ風邪でしょう
熱が下がれば大丈夫です
あのう保育園へは…
正直原稿がかなりヤバい
それって何日ぐらいかかりますかね
んー
翌日にはけろっと元気な子もいるし
2、3日かかる子もいるし…
そりゃ…そうですよね…
ここでもし3日も保育園を休まれたら原稿は落ちる
ということは今月の収入がほぼなくなるのと同義
どうされました?
いえ…
それはフリーランスの定めである
と…とにかくお薬出しておきますね
…はあ
ちょっと眠くなるお薬なんですが
…………いまなんと!?
え?いや
ご希望なら眠くならないお薬も…
ぜひ眠くなる方で!

ふんばり

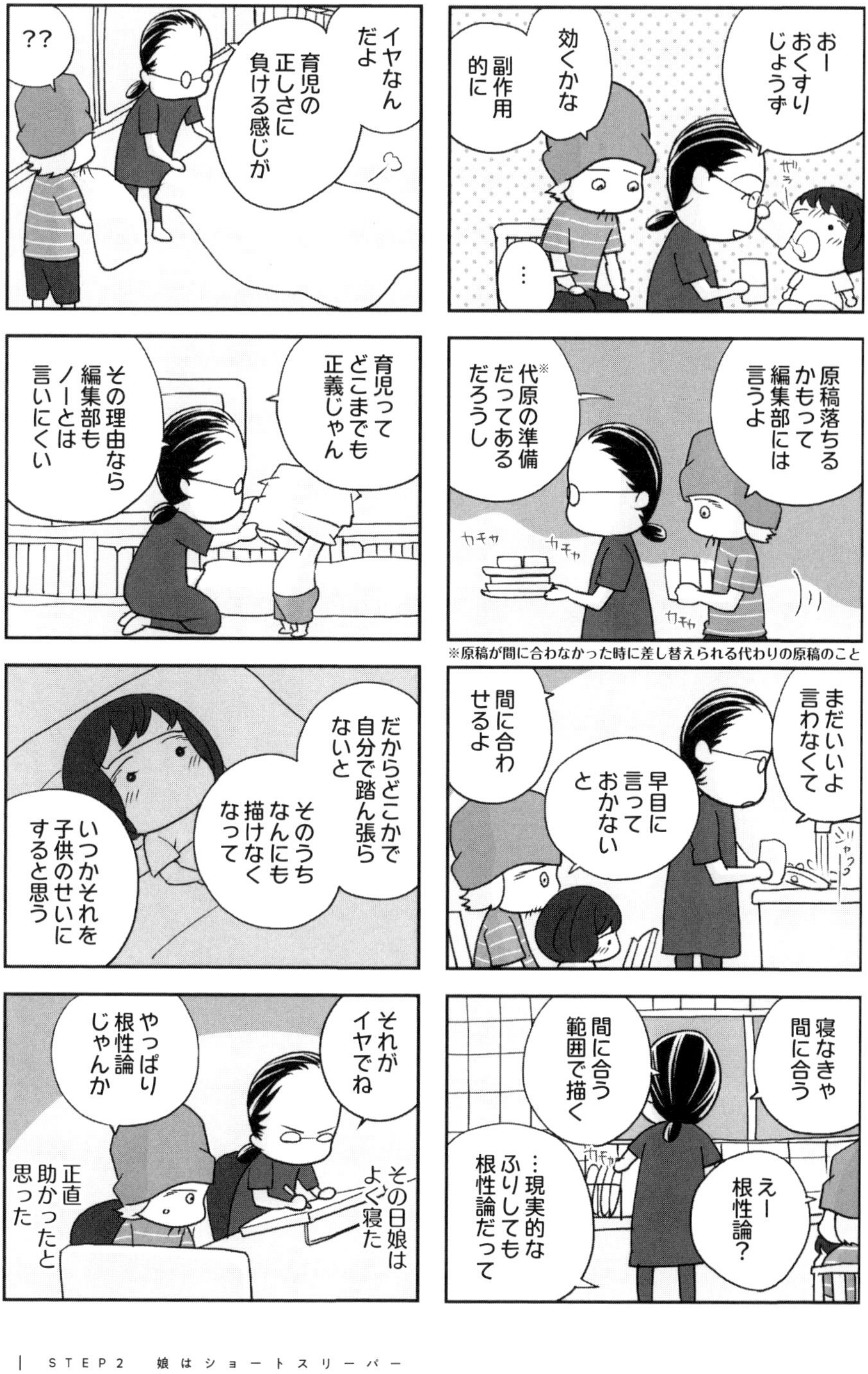

おーおくすりじょうず
効くかな副作用的に
…
原稿落ちるかもって編集部には言うよ
※代原の準備だってあるだろうし
カチャ
カチャ
カチャ
まだいいよ言わなくて
間に合わせるよ
早目に言っておかないと
寝なきゃ間に合う
間に合う範囲で描く
えー根性論？
…現実的なふりしても根性論だって
カチャ
イヤなんだよ育児の正しさに負ける感じが
??
育児ってどこまでも正義じゃん
その理由なら編集部もノーとは言いにくい
だからどこかで自分で踏ん張らないと
そのうちなんにも描けなくなって
いつかそれを子供のせいにすると思う
それがイヤでね
やっぱり根性論じゃんか
その日娘はよく寝た
正直助かったと思った

※原稿が間に合わなかった時に差し替えられる代わりの原稿のこと

Kの小言

結局
薬を飲みきる
までの5日間
娘は毎日
よく寝た
ザラ
ザラ
熱がないのに
薬を飲ませる
のは
そこはか
とない
罪悪感が
でも
お医者さんが
あの薬は
飲みきって
くださいって
じゃあ
しかたが
ない
おかげで原稿は
無事完成した
しかし
薬がなくなれば
いっそ
お医者さんに
あの薬を…
おいおい
やっぱり寝ない
解決策の
ないまま
保育園後の
公園遊びを
続ける毎日
もっかーい
体力を奪って
早寝につなげる
ささやかな努力
そろそろ
帰ろうかー
もっかい
もっかい
だけだよー
もっかい!
おーちーて
ダメ
行くよ!
なんかお菓子
買ってあげる
から
おーちー
てー!!
あーもう
イヤイヤ期の
交渉めんど
くさい…
半日で
いいから
娘の電源を
オフにしたい
物で釣ると
癖になりますよ
おとうさん
そこに
ぶら下がって
いたのは
こ…
こんにちは
ぎょっ
ぶらーん
保育士K
だった

どうやっても寝ませんよ

寝ませんか?
寝ませんねー
ポーン
外遊びで体力を奪う
お風呂は寝る直前を避ける
早起き
絵本
子守唄
オバケでおどさない
あれこれやってるんですが
よしょ
イヤミなのは自覚しつついままでの園のアドバイスをすべて列挙してみた
寝つきのいい方ではないですが
保育園だともうちょっとスムーズにお昼寝しますよ
タタタ
へえ…
どーじょ~
昼間寝てるから寝ないんじゃんと言いたいけど言わない
キーンコーン
カーンコーン
さーそろそろいこうか
もー…じゃあこれで最後ね
ふるふる
昔
同じようにお子さんが寝なくて
困っているお母さんがいました
ポーン
そのお母さんはある対策で
劇的に状況が改善したそうです
えー…?
壷とか水とかなんちゃら菌とか売りつけられそうな気配に警戒する小沢

さ
ねんね しようかー
パチッ
よし 寝よー
おやすみー
寝る雰囲気…ですか？
保育園のお昼寝はみんなでするけど
家だと寝るのは子供だけですよね
3時間前
親は仕事なので…
添い寝はしますけど
子供からすると自分が寝た後に何か楽しいことをするんじゃないかと思うのかもしれません
…なるほど
でもそれじゃあ
いつ仕事するんです？
くだんのお母さんは
朝5時に起きて自分の時間を確保したそうです
ねんねしゅうの？
いっしょにねるよー
おやすみー
うまくいくかな…
さあ
ヒソヒソ
二度寝大好き↓
低血圧↓
緊迫の夜が始まる

作戦の成否

むくっ
3：45
…うむ
とくに目覚ましもなく起きられた小沢
作戦成功…か
昨日はまんまと寝たもんな
睡眠時間は6時間45分
十分足りている
カタ
カタ
カタ
やっぱりちょっと寂しかったのかもな
…
アハハハ
おわんねー
アーハ
あとでKにお礼言っておこう
そして朝8時
ガチャ
こぼすなよー
あーん
アハハー
この作戦ダメだねー
ぜんぜん起きれない
起きれる気がしない
…えー大成功だと思うんですがー
失・敗で・す
妹尾の朝型への移行には約1ケ月かかったが育児と関係ないので省略

新しいリズム

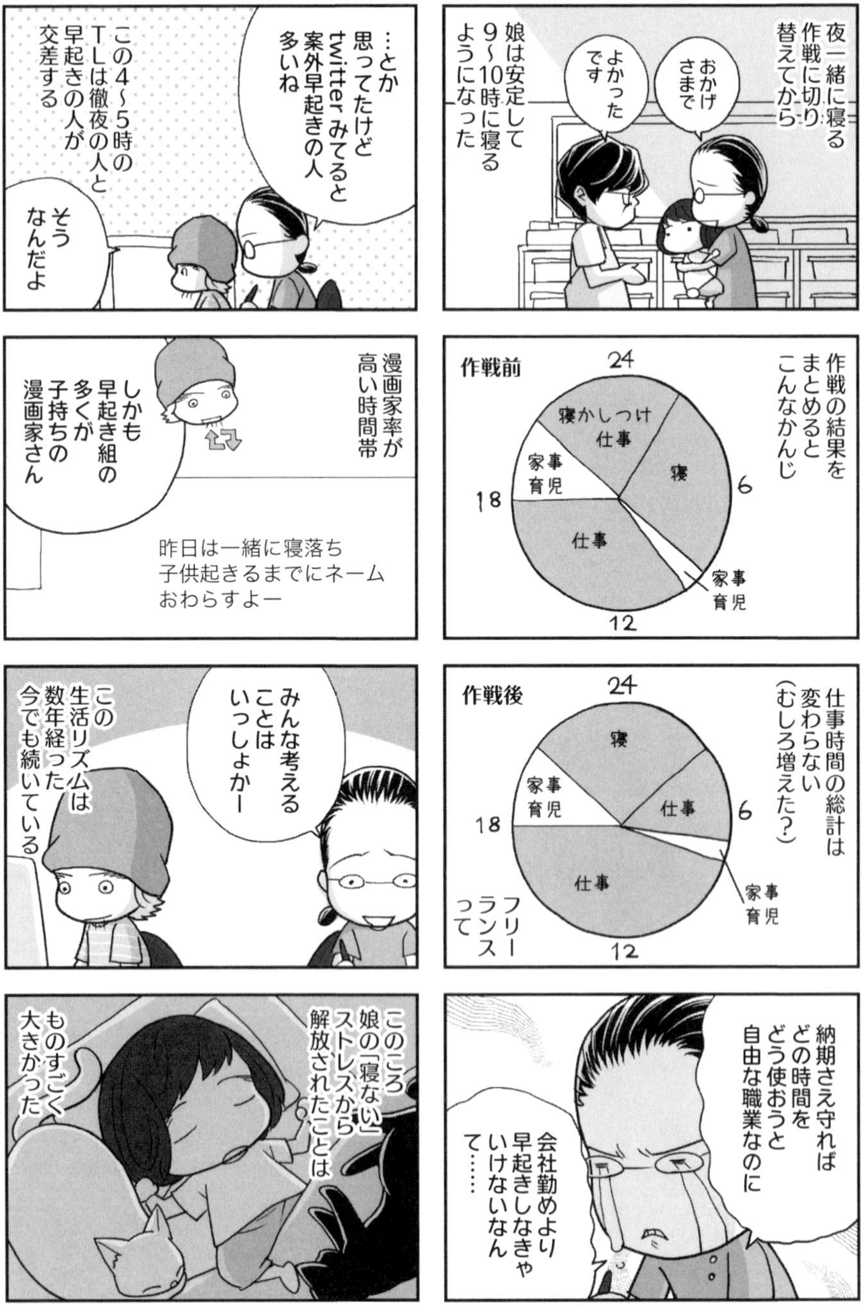

夜一緒に寝る作戦に切り替えてから
おかげさまで
よかったです
娘は安定して9~10時に寝るようになった
作戦の結果をまとめるとこんなかんじ
作戦前
24
寝かしつけ 仕事
寝
6
家事 育児
18
仕事
家事 育児
12
仕事時間の総計は変わらない(むしろ増えた?)
作戦後
24
寝
家事 育児
仕事
6
18
仕事
家事 育児
12
フリーランスって
納期さえ守ればどの時間をどう使おうと自由な職業なのに
会社勤めより早起きしなきゃいけないなんて……
…とか思ってたけどtwitterみてると案外早起きの人多いね
この4~5時のTLは徹夜の人と早起きの人が交差する
そうなんだよ
漫画家率が高い時間帯
しかも早起き組の多くが子持ちの漫画家さん
昨日は一緒に寝落ち子供起きるまでにネームおわらすよー
みんな考えることはいっしょかー
この生活リズムは数年経った今でも続いている
このころ娘の「寝ない」ストレスから解放されたことはものすごく大きかった

COLUMN.4

愛と笑いのプレゼント

プレゼントを選ぶという行為は、下手をすると価値観の違いが浮き彫りになる落とし穴。
不満をためる夫婦も多いようですが、ふたりの場合、どんなふうに選んでいますか?

OZAWA 苦手です!

SEO いつも〆切ギリギリです。

OZAWA ただ子供のリクエストは聞かないようにして、自分があげたいものをあげるようにしてます

一番アタリだったものは?

OZAWA 長女にだったら、天体望遠鏡はアタリかなあ。ちょいちょい星を見てて、だいぶ詳しくなりました。今年の長女へのクリスマスプレゼントは椎茸の栽培キットにしました。これは親子共々だいぶハマって楽しかったです。

SEO 私から子供へのプレゼントは、最近「かーたんと2人きりでおでかけ」ですね。「これが一番レアだろ!」って。

OZAWA 楽してずるい。

SEO 喜ばれてるよ。

(笑)ご夫婦間では?

OZAWA ジョブズのフィギュアを。これはアタリだったと思う。

SEO アタリでした。単行本(『スティーブズ』)発売されるごとに活躍したし、リカちゃんの家に上がり込んでボーイフレンドのジェフと商談したり、楽しませてもらいました。

それアタリなんだ!!確かに面白いけど。

SEO 私があげた中で一番のヒットは、まだ一緒に暮らす前にあげたドリキャスですかね。発売日にダメ元でヨドバシ行ったらキャンセルが出てて、ドヤ顔であげました。まあ自分も遊びたかったんですけど。

趣味趣向が一致してますね。これは…いらん、と正直思ったものは?

OZAWA　パッと思い出せない。いらん場合、忘れてるのかなあ。

ハズレなしですか!もらえるだけで嬉しいと?

OZAWA　あー、そうかもしれないです、損してないし。この間は、娘と妹尾がニヤニヤしながら、どう考えてもはかない変な柄のパンツをくれて。でもそれはそれで面白い、みたいな。

SEO　一回笑いが取れれば。

OZAWA　相手が膝ついたら勝ち、みたいなところがありますね。

SEO　そもそもお互い物欲がそんなにないし。

OZAWA　妹尾が、高いバッグを1つも持ってないことに気がついて、よくわからないけど買ったことはあった気がします。

SEO　高いバッグって?　あの黄色いポシェットみたいなバッグのこと?　あれ、そんなに高いんだっけ?

OZAWA　……高くないの?　そもそも相場がわからない。

多頭飼い

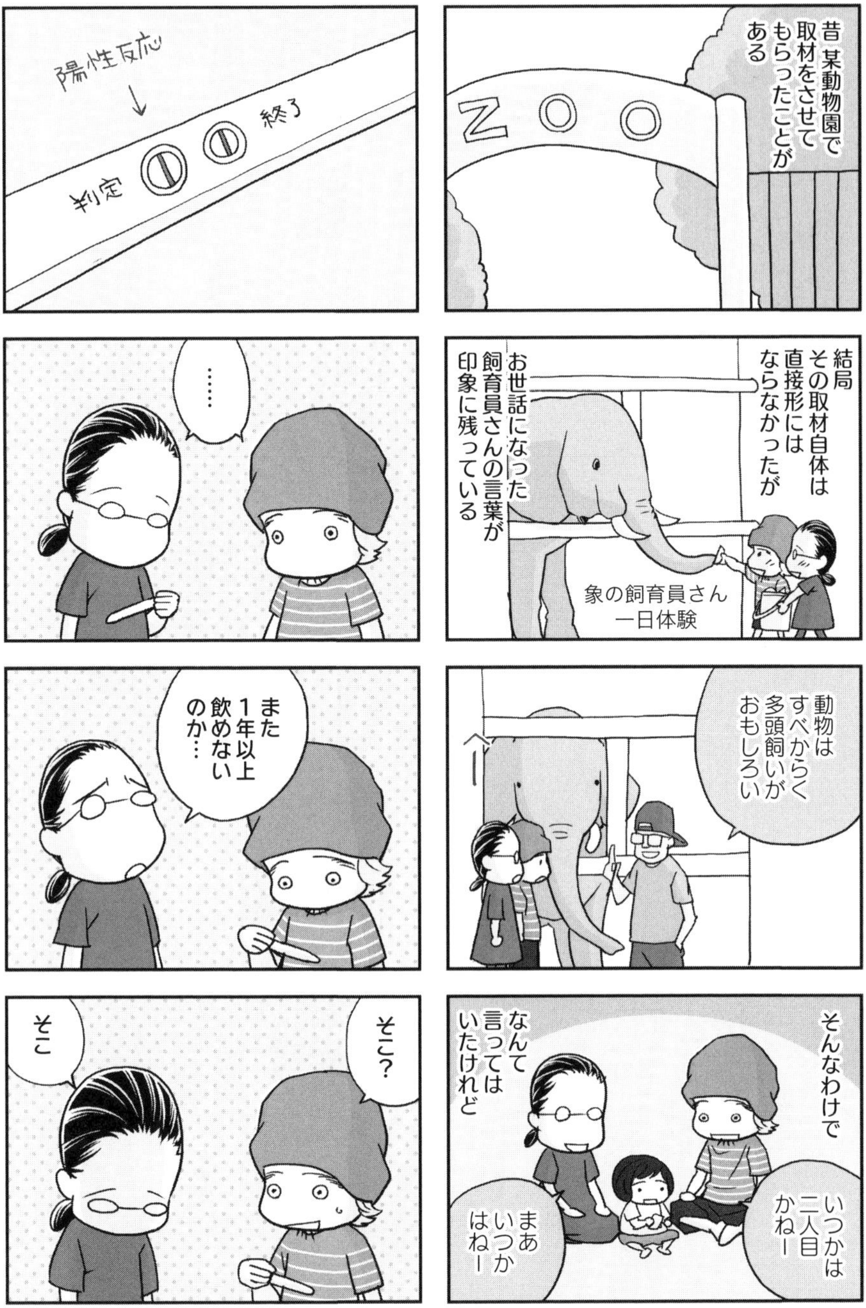
昔 某動物園で取材をさせてもらったことがある
ZOO
結局 その取材自体は直接形にはならなかったが
お世話になった飼育員さんの言葉が印象に残っている
象の飼育員さん 一日体験
動物はすべからく多頭飼いがおもしろい
へー
そんなわけで
なんて言ってはいたけれど
いつかは二人目かねー
まあいつかはねー
陽性反応
判定
終了
……
また1年以上飲めないのか…
そこ?
そこ

ふたりめの貫禄

妊娠検査で陽性反応が出たものの
病院は？
原稿あがったらでいいよ
数日でどうこうなるもんでもないし
ふたりめの貫禄を見せる妹尾
ぐっ
しかし…
あれ…？
ぺたー
この感じヤバい
ノロやロタの季節じゃないし…
やっぱり病院行きなよ
医学上は高齢出産なんだしさ
ぐでー
翌日
ちょっと立ってられないくらい具合悪くて
妊娠検査薬では陽性でした
ん－…
…つわりですね
え？
つわり!?
つわりです
これが…
ふたりめだからといって同じとは限らない
ひとりめで全くつわりがなかった人←

食べたいもの

つわりになると食べ物の匂いがつらくなることが多い
だから
つわり中に旦那のご飯作るのがもう……(怒)
テメーで買ってこいっての
ママ友
O↓
H↓
なんて愚痴はよく聞く
その点ウチはオレが料理担当だから
問題ないね
→かなり得意げ
なんでも
作るよ!
ドヤァ
とはいえニーズとシーズが必ずしも一致するとは限らない
…………
……モス
…え?
モスバーガー
モスのダブルチーズバーガーがいい
あれが無性に食べたい
作れるもんじゃなかった
家から15分のところにモスがあってよかった
シャー

リベンジ

先日行った近所の産婦人科は診察だけで分娩設備はない
どこで産むの？
紹介状書いてもらえるんでしょ？
どこでも
いやそんな野っ原でケモノのように産む宣言されても
今日のつわりアイテムチョコミント
そうじゃねー
最近は病院食がフレンチだとかなんだか
ゴージャスなとこあるんでしょ？
…
じゃあ前と同じで
あの都立病院？
出産直後から授乳させられるとかさんざん文句言ってたじゃん
足の裏くすぐって起こしてから授乳しましょう
せっかく寝てるのに…？
まあでも慣れてるし
はーっ チョコミントをうまいと思う日がくるとは…
あと前回あの病院でさ…
ギリギリ赤字だったじゃん
たしかにあのときは休日で時間外の出産だったので
出産費用が数万円ほど出産助成金を上回った
え？
あげらね？
今度こそ黒字出す！
ゴゴゴゴ
いらないならチョコミントもらおう
そういうモチベーション？
よろこんで

知りたくない事実

某都立病院
小沢と打ち合わせしながら順番を待つ
…今日ずいぶん待つねえ
前はわりと時間どおりだったのに
しばらくして
待たせてごめんねー
前の妊婦さんが動けなくなっちゃって
え?
女の子欲しかったのに4人連続男の子だって判明してさー
ショックで30分うずくまっちゃった
遅れた原因判明
順調だねー
男女はまだわからないけどね
あ ウチわかってても言わなくていいです
え?
第一子は出産前にわかってたんですけど
第二子は産まれるまでわからない
ヘラッ
って経験をしてみたくってぇー
どうでもいい理由
…そうなんだー…
しゅん
先生ちょっとつまらなそう

告知

そしてさいわい順調なまま安定期へ
男女はどっちでもいいけど
つぎはほんのり男児がいいかなあ
お願いします女児がいいです
そう言われてもねえ
そしてこの人にも報告する
あのね
うん
あかちゃんできたんだよー
あかたん？
どこ？
まだおなかのなかだよ
おなか？
ここ？
そこはかとなく不安そう
違う違う違う
キミのおなかじゃなくてな

だっこの理屈

一人目のときはノンカフェインのコーヒーとか飲んでたけど
まあそこは気にしないことにしたよ
ほ〜っ
↑だいぶつわりも治まってきた
お医者さんにも
気にならないなら大丈夫
って言われたし
娘も状況を理解したらしく
かーたんのおなかになにがいるんだっけ
あかたん
じゃあだっこは?
という聞き分けの良さを見せる
パチパチ
だーめーよー
じーーっ
とーたんはー
あかたんないない
あっこ
お…おう
なるほど理にかなっている
そろそろ歩こっか?
あっこがいいのー
だいぶ知恵もついてきた

もっかーい
もっかーい
あといっかいだけだよ
また腰痛めるよー
まあこいつがひとりっ子なのもあと数ヶ月だし
ぱっか
ぱっか
と遊び始めたものの数十分後…
ゼー
ゼー
ゲホッ
もっかーい
もうおしまいにしよ？
とーたん死んじゃうよ
ん ー…
ゼー
ゼー
とーたん
しんでもらえる？
……
死の概念を理解していないと信じたい
……あといっかいだけなー
かーたんみててね
わ…わかった
生き様を見届けよう
ひとりっ子最後の夏が始まる
ミーン
ミンミン
ミーン

STEP 3

第2子スタンバイ

IKUMEN TO YOBANAIDE

NIBUN NO IKUJI

育児の正解

こんちはー
→ママ友S
おーひさしぶりー
あれーもしかして二人目？
こないだまでおなか平らだったじゃん！
いやー
まだ6ヶ月なのに
一度伸びきってるせいかお腹大きくなるの早くて
三児の母←
わかるー
3歳差ってことは
受験が重なる派だね
受験一気に終わるしいいかなーと
かぁ〜たぁ〜ん
みてて〜
メリットと
進学費用半端ないらしいけど…
バッシャ
デメリット
……
スイマセン…
ウチは不安だから1年ずらした
それも手だよねー
キャー
キャ
育児に正解はない

とうもころし

それ なーんだ
とーたん食べてるのは？
とうもころし
とうもころしー
ど定番の言い間違いを何度もさせる父
あーぐっちゃぐちゃ このままお風呂入れちゃうわ
すみません…
ガタ
30分後
大丈夫？ずいぶんゆっくりだったね
いやあのさー
カチャ
洗うときひざに乗せたらお腹つかえちゃってね
へー
二人目って経験がモノを言うと思ってたけど
考えてみれば子育て中の妊娠は初めてなんだなあ
明日から基本お風呂お願いできる？
あーいいよ
わしわし
まかせといて
ドン
軽ーい気持ちで安請け合いする父・小沢
……
娘の不安そうな顔に気づくものはまだ誰もいない

くやしい気持ち

父とお風呂に入ることになって数日
♪
……
あのね とーたんと おふろ はいるとね あのね
くやしい の
くやしい
?
くやしい／物事が思うとおりにならなかったり はずかしめを受けたりして あきらめがつかず 腹立たしい気持ち『デジタル大辞泉』より
ちがう ちがう
それ あの子の 言い間違い
どうも「くやしい」「はずかしい」「こわい」「かなしい」が
まだうまく 使い分けられ ないみたい
アンパーンチ
こないだも 夜中に
??
グスン グスン グスン
はずかしい
って いいながら 暗い部屋で 泣いてたし
…つまり
父とお風呂に 入るのは くやしいわけ ではないけど
なんらかの ネガティブな 感情であると
そういう ことです
「くやしい」の ナゾは次回
バイバイキーン

言ってくれればよかったのに…

かーたん
ちゃんとみてる?
みてるよー
結局手おけはめんどくさい小沢は
妹尾の監視つきならシャワーを使ってもよいことに
うる
うるうる
やさしくしてね
そっとね
お…おう
ジャー
その経緯を保育園のノートに書いたら
お父さん
初恋のようにキュン♡
となってしまったのでは??
なった?
カリカリ
ていうかひとつわかった
カタカタ
いわゆる媚びた仕草って
いやーん
トンビ座り
上目づかい
手をそっと
にぎる
子供が自然とやる仕草だってことが
あんまりやられたことないけど
あー
やってやろうか?
カリカリ
カタカタ

ムスメ元気で留守がいい

たしかにいままでは猫の飼育の延長線上みたいなもんだったけど
ずいぶん人っぽくなってきたよねえ
カリ
カリ
カタ
カタ
保育園行くよー
とーたんそれパジャマでしょ!
ちゃんとおきがえして!
お世話してくれたり
別にこれでいいよね?
平気じゃん?
誰も見てないって
ヘラ〜
いかません!
もうとーたんはー!
うんざりしたり
は〜っ
あ
バシャッ
まいっか
しょうがないしょうがない
都合の悪いことをごまかしたり
のしっ
「うん」じゃないでしょ「ハイ」でしょ!
自分が保育園で言われてることをそのまま引用したり
第二子誕生を前にだいぶ人っぽくなってきた娘
…にしても
子供っていないとかわいいな
いるとうるさいのにねえ
カリ
カリ
カタ
カタ

こんなこともあった
ぐつぐつぐつぐつ
ただい…
うわっ!
アンパーンチ
ちょっと焦げてんじゃん!
ん?
バンッ
なんで火止めてくんないの!
え? え?
止めてって言われたっけ?
言わなくてもわかるでしょ!
えー
言ってくんなきゃわかんないよ
もういい 4時間煮込んだけど全部捨てる!
かーたんが悪い!
…十分おいしいって
いいやおいしくない
これがおいしいならいままでの「おいしい」がなにひとつ信用できない
あ~も~めんどくせえ~~~
こーなると長いんだよな~
アタシちっとも悪くないけど謝っちゃう~?
でも一度こうなっちゃうと長いしな~
あ~もう謝るのもなぐさめるのもめんどくせぇ~~~
ん?
ザザッ

さんかく関係

ほんのちょっと前までは
家族の関係性はこんな感じ
しかし最近は…
すたすた
料理の失敗で激しく落ち込む父←
よしよし
なでなで
え…
とーたん
おさけのみな！
びーる！
…は
はい…
こいつ…
グッ
使える！
第二子誕生を前に家族内の人間関係が
だんだんこのように変わってきた感じがする

公園にカニはいません

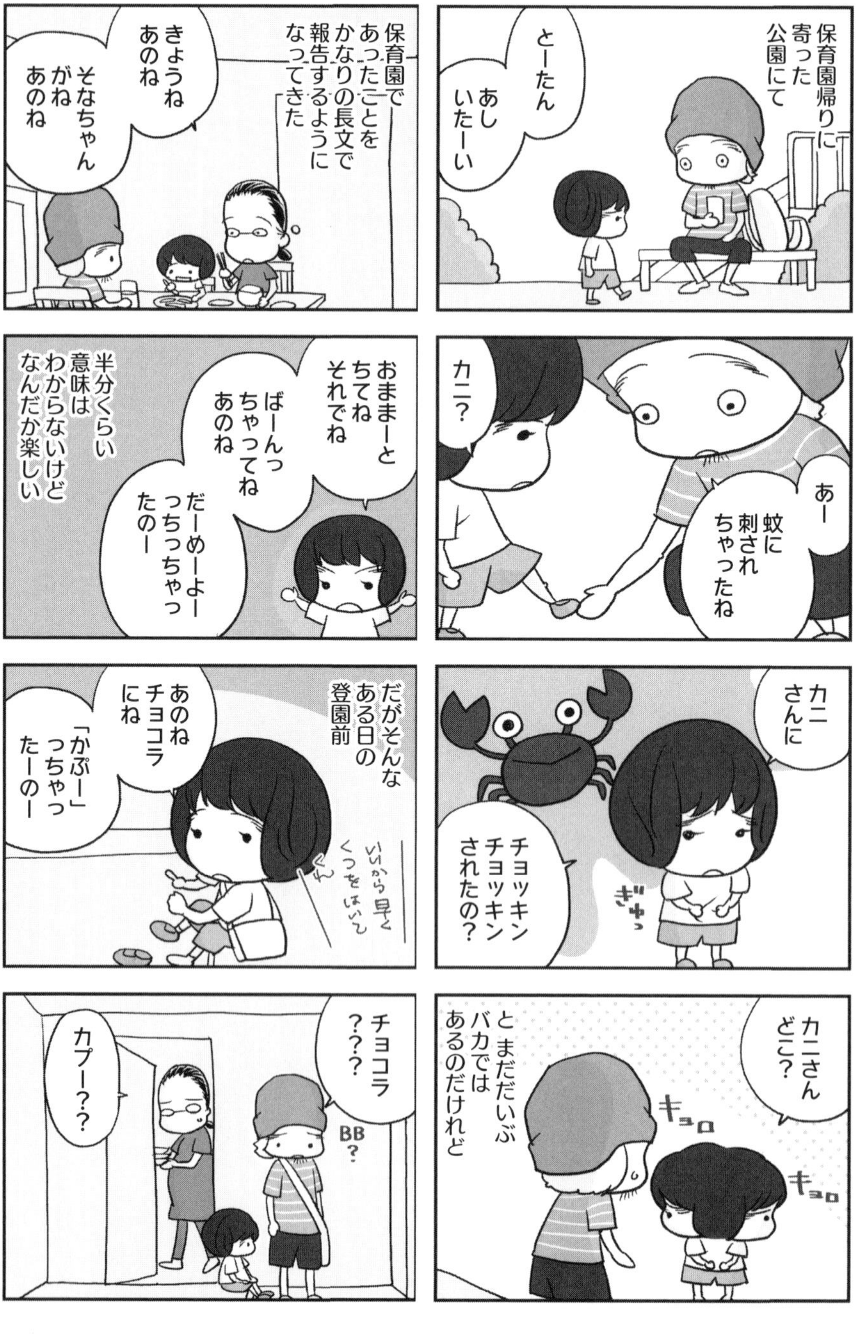
保育園帰りに寄った公園にて
とーたん あしいたーい
カニ？
あー 蚊に刺されちゃったね
カニさんに
チョッキンチョッキンされたの？
ぎゅっ
カニさんどこ？
キョロ
キョロ
とまだだいぶバカではあるのだけれど
保育園であったことをかなりの長文で報告するようになってきた
きょうね あのね
そなちゃんがね あのね
おままーとちてね それでね
ばーんっちゃってね あのね
だーめーよーっちっちゃったのー
半分くらい意味はわからないけどなんだか楽しい
だがそんなある日の登園前
あのね チョコラにね
「かぷー」っちゃったーのー
いいから早くくつをはいて
くん
チョコラ？？？
カプー？？
BB？

謎は全て解けた！

「チョコラカプー」の謎は後日オバッチによって判明した
先週の日曜日仕事忙しいってんで
オバッチが預かって遊んだでしょ？
その時一緒に遊んだオバッチの友達が飼ってる小型犬
チョコラじゃなくてショコラね
オバッチはこの時の様子をこう語る
一緒に散歩してね
シロツメクサの上をショコラと天使が歩くわけよ
もう夢たいな光景だった…
アハハ
ウフフ
肉親のひいき目とはかくも恐ろしいものである
そして事件はそのあとに起きた
ショコラに無理やりどんぐりを食べさせようとしてさー
ショコラもそうとう頑張ったんだよ？
どじょ
おいちいですよ
見ないフリ→
ぐい
ぐい
ぐい
ハイどじょ
たべてくだちゃーーい
夢の光景が一転して悪夢に
カプ
ショコラごめん…

話盛る系女子

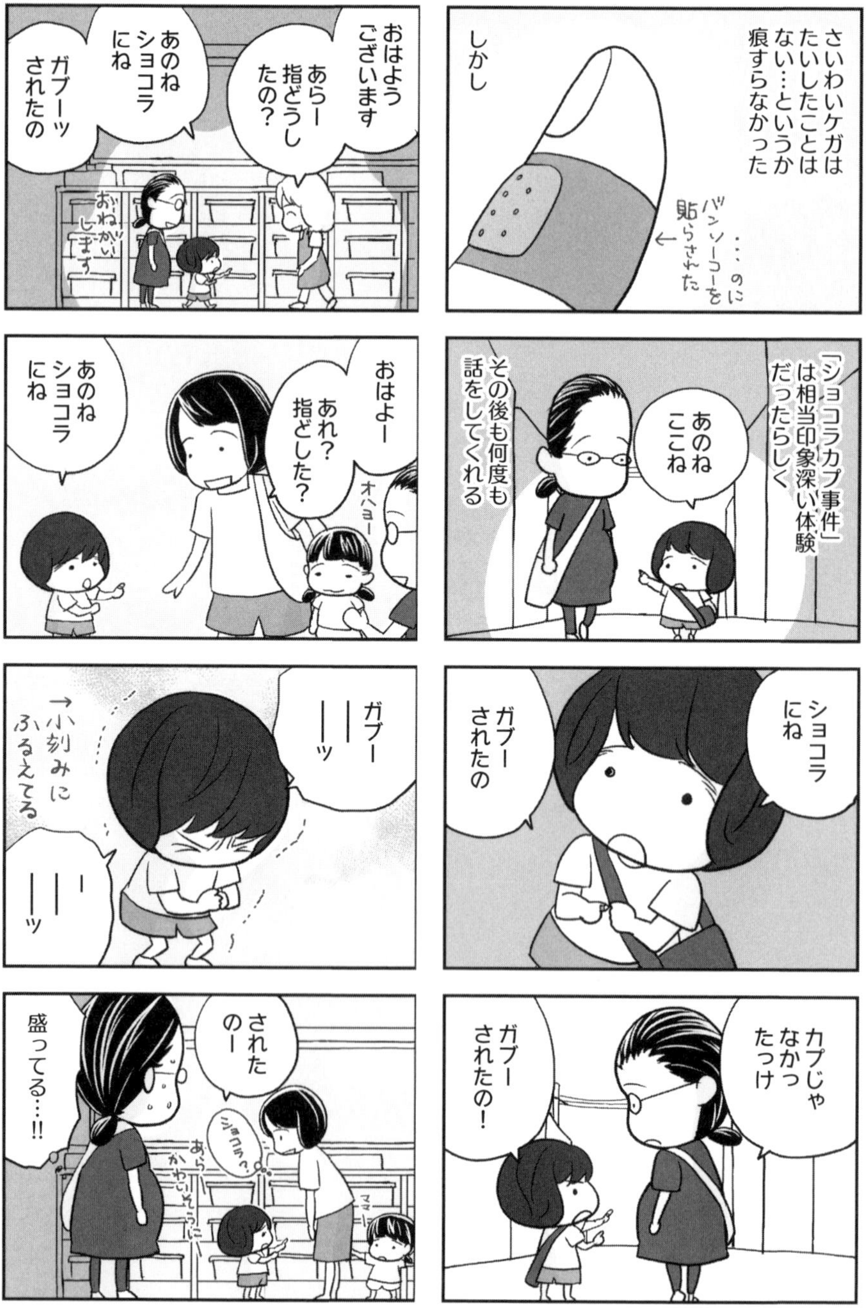

さいわいケガはたいしたことはない…というか痕すらなかった
しかし
…のにバンソーコーを貼られた
「ショコラカプ事件」は相当印象深い体験だったらしく
あのねここね
その後も何度も話をしてくれる
ショコラにね
ガブーされたの
カプじゃなかったっけ
ガブーされたの!
おはようございます
あらー指どうしたの?
あのねショコラにね
ガブーッされたの
おねがいします
おはよー
あれ?指どした?
オハヨー
あのねショコラにね
ガブーーーッ
ーーーッ
→小刻みにふるえてる
されたのー
ショコラ?
あらーかわいそうに
ママー
盛ってる…!!

COLUMN.5 一人になりたい時は…

仕事と家事と育児が同居しているうめ夫婦、オンとオフの切り替えはどうしているのでしょう?
それぞれ、理想の休息時間を教えてください。

SEO：スプラトゥーン2か、子供が観れない映画+酒。

OZAWA：玄関のドア開けたら南の島、が理想。でも、現実的な路線だと、昼から日本酒かなあ。

「一人で休みたい」「気分転換したい」「逃げたい!」ときは?

SEO：早起きですかねえ。2時間くらい一人になれます。それが難しい時は正直に言う、かなあ。昔はもっと一人になりたい時があったけど、今は2時間くらい子供と離れられたらそれでいい、ぐらいにハードルが下がりました。

OZAWA：ない。

え…ないんですか!?本当に!?

OZAWA：ぜんぜん一人になりたい欲求が、ないんです。一人って死んでるのと同じ気がしません?(あ、でも本は読む)

SEO：小沢のこの感覚とのすり合わせが本当に大変でした。「ほら、一人になりたい時ってあるでしょ!?」って言っても、「ないけど?」って感じで話が通じない。

OZAWA：一人になりたい欲求って、木を食べたい欲求と同じくらいわかんないです。

木を食べたい人って…

OZAWA：一人って入出力が少なくて暇じゃないですか?

一人旅だと入出力はそこそこありますよ?

OZAWA：むかし3ヶ月くらい海外を一人旅したんですけど、結局コミュニティ作っちゃって、仕事ができて、現地で映画に出る羽目になりそうになって…すぐ一人じゃなくなってました。

小沢さんは、人を巻き込んでいる時以外は「死んでいるのと同じ」なんですね。

OZAWA　そうまとめると、とんでもないお祭り野郎ですね。

妹尾さんは、小沢さんとは離れなくても大丈夫になったんですか?

SEO　だいぶなりましたね。そういえば、昔の友達に会うと「変わったね」と言われます。自己主張の激しいタイプじゃなかったんですよね、買い物とか誰かと行くと相手に合わせたり。

なのに今は…

SEO　意見を主張して自分のやりたい方向に持ってくことも出来るようになったみたいです。

それ、すごい!

SEO　小沢と2人でいても、自分の要求を押さえ込む必要がなくなったから平気になったのかも。ただ、子供といる時は、まだ自分を押さえ込む必要が…。観たい映画が観れないとか。

OZAWA　公園は寒いし、鬼ごっこは膝痛いし。

SEO　私はスポーツ系は大丈夫だけど、おままごとはつらい。

元・女の子なのに!

SEO　めっちゃつらい。目が死んでいくのが自分でわかる。

あー!私(担当)も息子のウルトラマンのウンチク聞いてる時、目が死んでます。

SEO　それはw

OZAWA　昭和ウルトラマンなら話せるけど、平成ウルトラマンだとつらいかもなー。

子供にそんな言い訳は通用しませんよ。

OZAWA　ですよねー。

マタ旅の是非

妊婦健診
ハイ 異常なし …と
あのう
一人目のときは
この週数でこんなに大きくなかった気がするんですけど
どーん
このころさらに腹はふくれ
でかっ
臨月?
いやー
と言われるほどに成長していた
二人目だから伸びてんじゃない腹の皮が
それって医学的な根拠あるんですか?
とぼけた先生である
どうだろうねえ?
ハハハ
どのみち旅行ってまだ行けますかね?
あー
国内? 海外?
国内です
上の子との3人だけで旅行できる最後のチャンスだし
思い出づくり的な?
娘はもうすぐ3歳
そうなれば飛行機代がかかるし
…という現実的な理由は言わずにおく
国内ならいいんじゃない?
生まれてからじゃ上の子お金かかっちゃうもんね
ハハハ
ただ変なところでするどい
バレてた

臨月の搭乗は医師の診断書が必要です

お医者さんのお許しも出たところで
娘3度目の沖縄旅行へ
カラカラ
カラカラ
ただいまから優先搭乗を行います
よし行くよー
よっこらしょっと
あの!
はい?
失礼ですが!
出産予定日は?
ん?
予定日ですか?
そういえば最近
はっ
機内出産のニュースを見たような
もしやまた・・・
ち違います臨月じゃないです
えと予定日は4ケ月後くらい?
あ母子手帳あります!
し失礼しました!
ペコペコ
臨月に間違われすぎるのなんだかちょっと気恥ずかしい
イエこちらこそ・・・

母の秘めた欲望

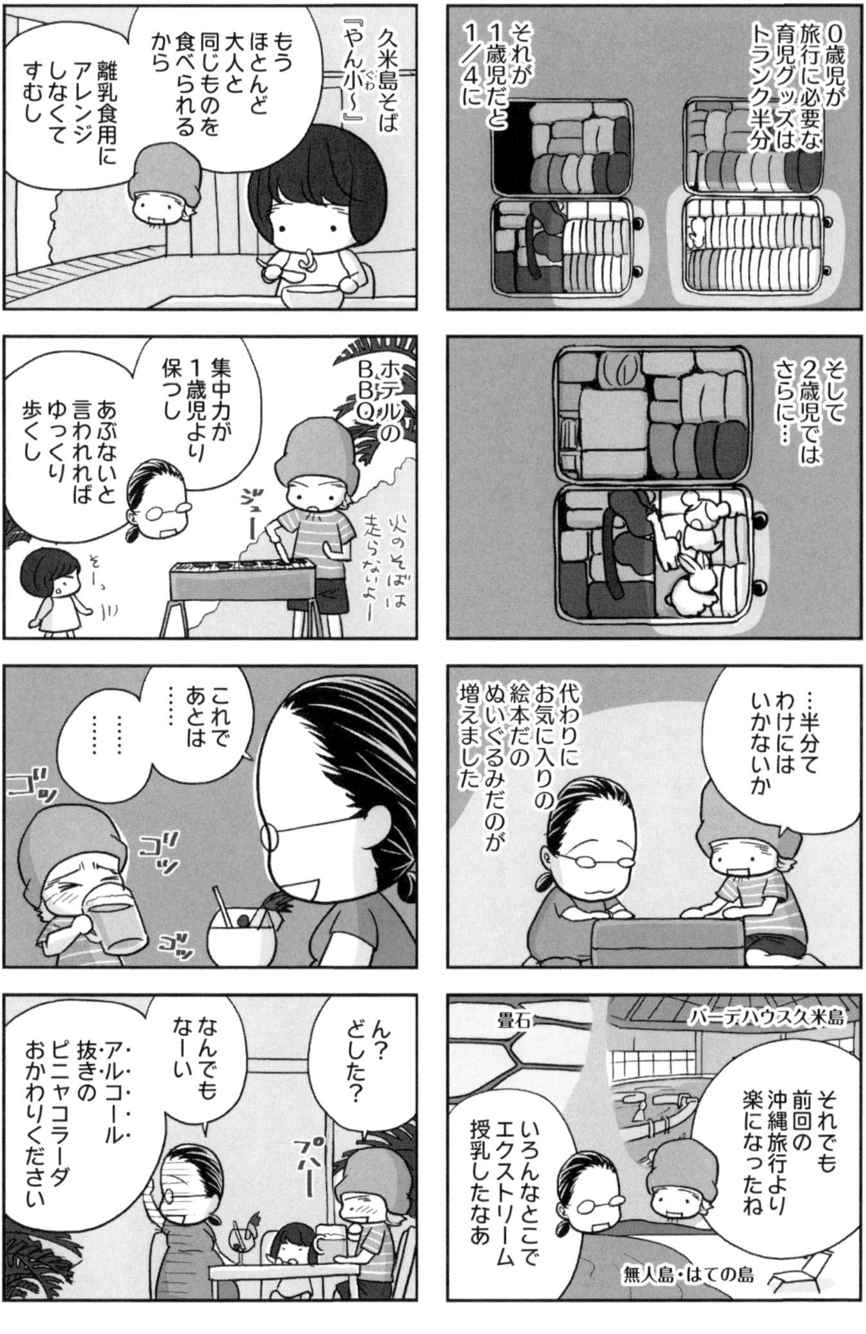

0歳児が旅行に必要な育児グッズはトランク半分
それが1歳児だと1／4に
そして2歳児ではさらに…
…半分てわけにはいかないか
代わりにお気に入りの絵本だのぬいぐるみだのが増えました
バーデハウス久米島
畳石
それでも前回の沖縄旅行より楽になったね
いろんなとこでエクストリーム授乳したなあ
無人島・はての島
久米島そば『やん小《ぐゎ》〜』
もうほとんど大人と同じものを食べられるから
離乳食用にアレンジしなくてすむし
ホテルのBBQ
集中力が1歳児より保つし
あぶないと言われればゆっくり歩くし
ジュー
火のそばは走らないよー
そーっ
これであとは……
……
……
ゴッ
ゴッ
ゴッ
ん？どした？
なんでもなーい
プハー
ア・ル・コ・ー・ル・抜きのピニャコラーダおかわりください

ばんがれ

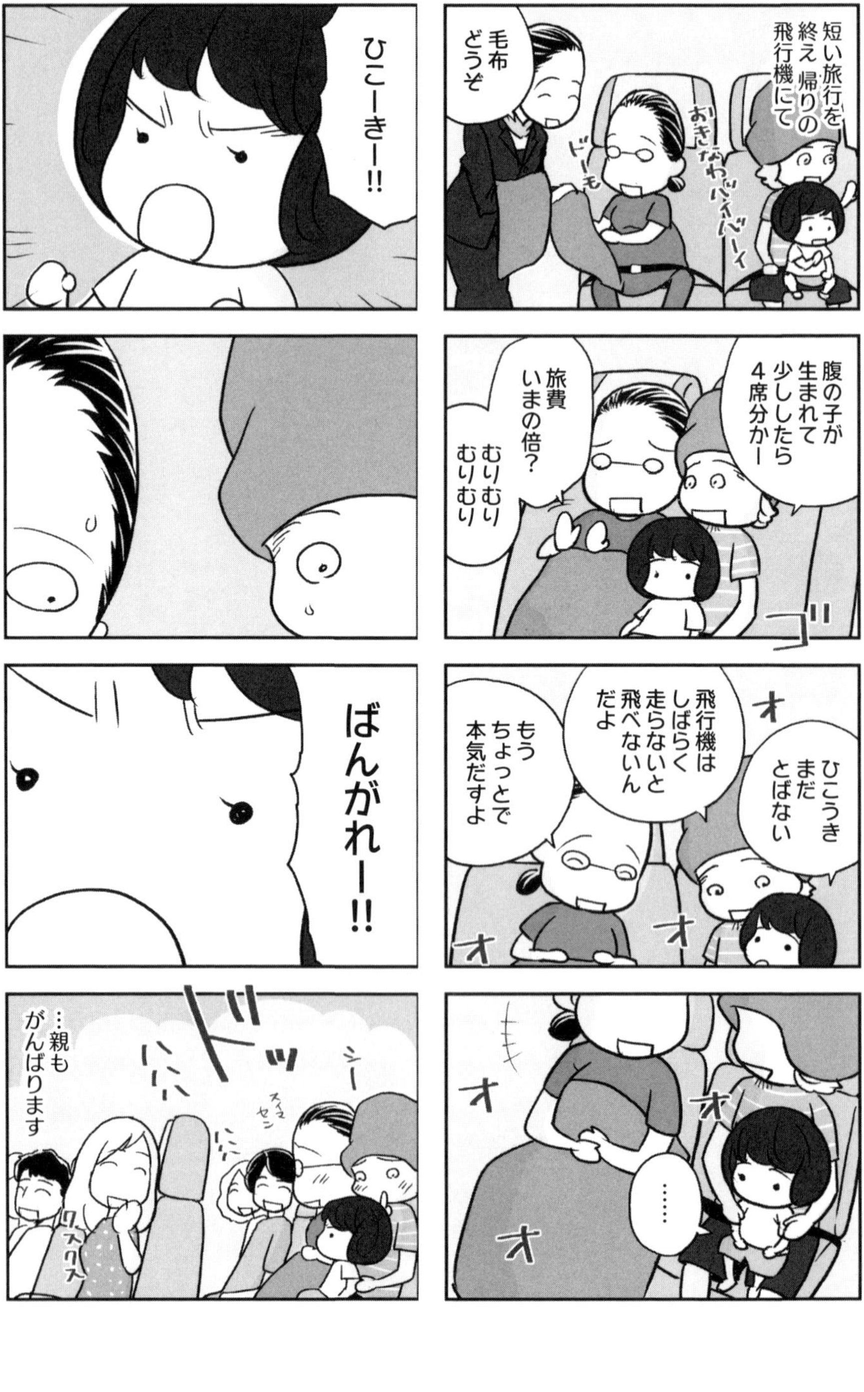

短い旅行を終え 帰りの飛行機にて
おきなわバイバーイ
毛布どうぞ
ドーも
腹の子が生まれて少ししたら4席分かー
旅費いまの倍？
むりむりむりむり
ゴ
ひこうきまだとばない
飛行機はしばらく走らないと飛べないんだよ
もうちょっとで本気だすよ
オ
オ
オ
オ
オ
……
ひこーきー!!
ばんがれー!!
ドッ
シー
スイマセン
クスクス
…親もがんばります

つい、出来心で…

2歳児最後のかけこみ旅行も終わり
妊婦健診が4週間に1回から2週間に1回に
うごいた! あかたん!
動いたねー元気だねー
これおてて?
んー足かなあ
あし?
赤ちゃんは逆さまが好きだから
えーとねー
キュポン
いまこんな感じ
キュ
キュッ
なるほどー
じゃあこのへん頭か
頭よしよししてあげようか
よしよしよしよし
あれ? これ油性…?
翌日
うまいもんだねー
…よく洗ったんですけど

給食系男子の誇り

秋も深まり重ね着をはじめる頃
この時期の妊婦健診には罠がある
そうあれは一人目を妊娠中
健診後に行われた助産師さんによる保健相談にて
1ヶ月で体重が3kg近く増えてますね
あー
今日寒いからちょっと厚着してて
妊娠による体重増加は7、8kg
1ヶ月で3kgは増えすぎです
いやだから厚着で…
ってことがあってさーw
ったく人の話聞きやしない
と笑い話として話したつもりが怒ったのはこの人
あ゛？
俺の食事管理が甘いっていうのか！
電話して文句言ってやる！
やめろバカ！
んなこと言ってないし！
なんてことがあったので
今回はかなり薄着で来た
ポイッ
ちょと寒い←

※妊娠前の体重や医療機関によって、増加量の目安は異なります。

肥やすも削るも俺次第

体重はと…
前回より＋1kgですね
いいですねー
よし！
体重管理完璧ですねー
今回は第一子のときの経験が生きた
ぐっ
こんなに理想的な方なかなかいないです
みなさん結構苦労されてて
ありがとうございます
なにか
コツとかあります？
他の妊婦さんの参考までに
え？ココツ？
ウチは三食とも全部夫が料理してまして云々
えーそうなんですか？
どうして？ご職業は？
とか説明するのがめんどくさくて
適度な運動？
とごまかしたら
そこはオレの食事がいいからだって
ドヤ顔で言ってくれなきゃあ
はーっ
落ち込んでブツブツ文句言ってる小沢
わるかったわるかった
ほらシュークリーム食べよう
それはそれでめんどくさかった
ブツブツブツ

クリスマスのご予定は？

娘3歳の誕生日
すーーっ
パシャッ
ふーーっ
パチ
パチ
パチ
パチ
誕生日おめでとー
3歳になってどうですかー
うー(んと)ねえ
おいちいです
大好きなハンバーグとケーキを食べてごきげん
くりすますはー
かーたんのすきなけーきでどーじょー
やったー
じゃあかーたんチョコとねー
ん？
あっ
そうだよ
出産予定日は
12月25日だった
クリスマスかーたんいるかなー
どうかなー
…？

夜遊びしたい

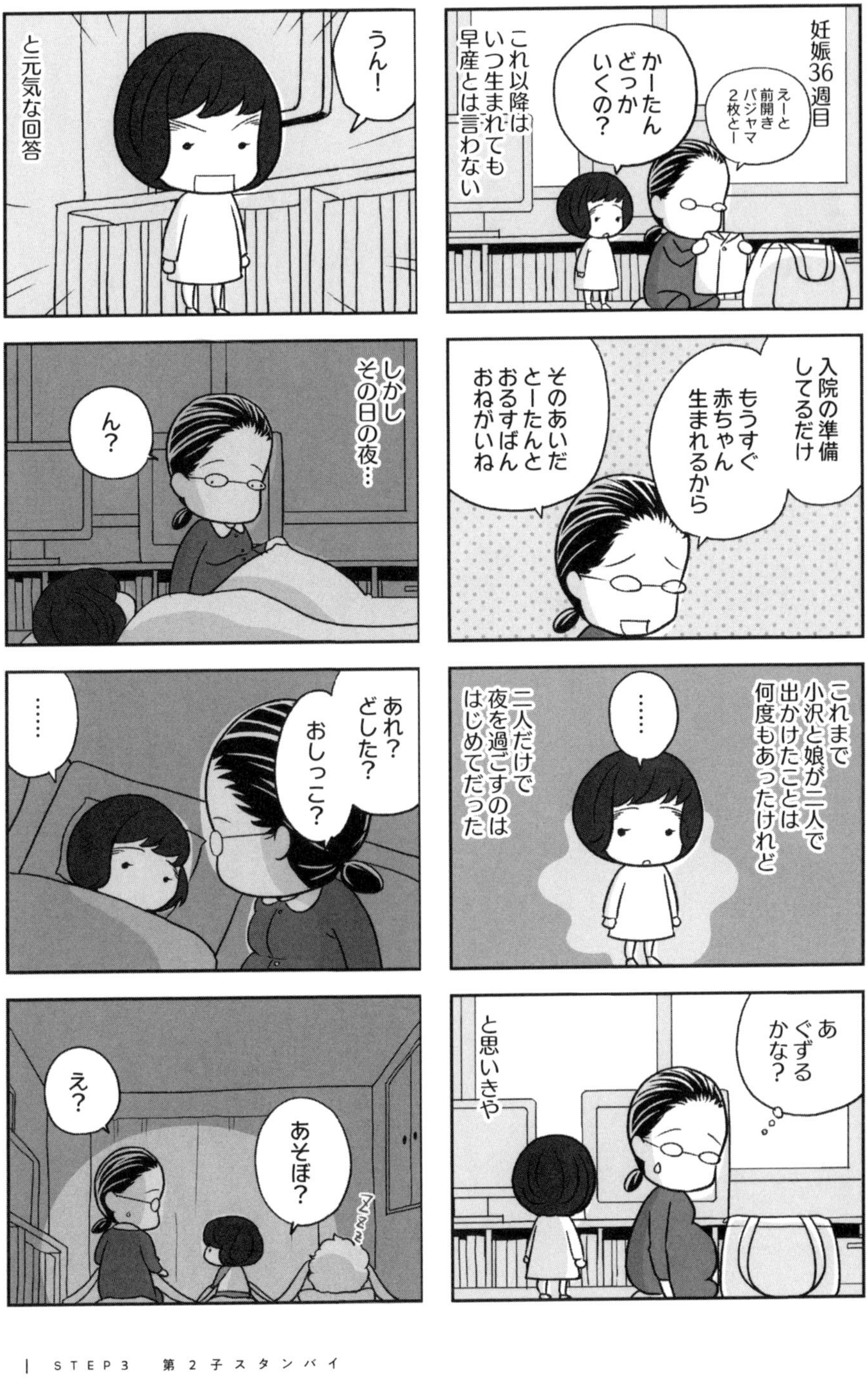
妊娠36週目
えーと前開きパジャマ2枚とー
かーたんどっかいくの？
これ以降はいつ生まれても早産とは言わない
入院の準備してるだけ
もうすぐ赤ちゃん生まれるから
そのあいだとーたんとおるすばんおねがいね
これまで小沢と娘が二人で出かけたことは何度もあったけれど
……
二人だけで夜を過ごすのははじめてだった
あぐずるかな？
と思いきや
うん！
と元気な回答
しかしその日の夜…
ん？
あれ？どした？
おしっこ？
……
え？
あそぼ？

真夜中のプリキュア

出産の説明をした直後
夜中に遊びはじめる3歳児
わゴム
切りとります。
いつもなら
まだ夜中！
ちゃんとねなさい！
と言うところだが
もしかして不安のあらわれ？
かーたん これきってー
産後しばらくは赤子につきっきりになっちゃうし
と思い遊んでやることに
とーたん起こさないように静かにね
うん！
ビリビリ
かわいい？
かわいいーねー
パチパチ
おひめさまみたい
しゃしんとってどーじょー
あ
パシャ
はいはい
そろそろねんねしよっか？
うん
ひとりっこ生活
のこりわずか

40週目はグレンラガン

12月24日
出産予定日
前日
兆候とか
全然なし？
ない
ですねー
最後の健診
今大きさ
どれくらい
なの？
えーと
45㎝
ちょっと
へー
身長
155㎝の中に
45㎝の人間か
この
比率は
ピキーン
初代
グレン
ラガン
は？
母体と赤子の
比率を
ロボットと
パイロットで
たとえると
かーたんは
今
グレンラガン
ちょっと
サングラス
かけてそこに
立ってくれる？
妊娠
6〜7ケ月は
パトレイバー
3〜4ケ月は
ガンダム
2〜3ケ月は
エヴァ
2ケ月
コンバトラーV
1ケ月は
ガンバスター
だった
のかー
ワクワク
…
とにかく
なにか兆候が
あったらすぐ
来るようにって
まあ
ひとりめの
ときも2日
遅れたし
あと2、3日
だよきっと
だよねー
ボトムズには
ならないよう
気をつけて！
ドヤァ
…

このタイミングで赤い彗星が!?

臨月はコートの前がしまりません。

元日 小児救急でんわ相談
ハイ
赤い発疹が20個くらい
出産予定日から7日経過
やっぱり水疱瘡だろうって
保育園で流行ってたから予防接種打ったのにー
遅かったか…
まあでも本人元気なら自宅で様子見ていいって
よかったー正月で病院やってないしね
あーん
あ!
ていうかさ
今兆候きたらどうすんの?
水疱瘡の子を連れて
産科はさすがにまずいよねえ
だいたいこの人まだ一人で留守番できないよ
あーん
あたりまえである
最後ひとりで病院に行くように
おおう
しかしなんの兆候もないまま正月休みは過ぎ
予定日から10日経過
いってらっしゃーい
じゃ行こうか
うん
オバッチに留守を託していよいよ病院へ

陣痛促進剤投与開始
てっきり正月前に生まれると思ってたなあ
アタシもですよ
まあでも親孝行な子じゃない
ほら正月出産費用高いし
…ははは
物は言いようである
それにしてもさ
陣痛ぜんぜんこない？
モニタで見るかぎりきてるんだけどなあ
え!?
……
ちょっと薬の量増やそうか
ハイ
ドキッ
…いよいよ陣痛地獄がはじまる…
と思ったものの
ガタ
ガタ
ガタ
まったく自覚できぬまま夕方になり
えっ
今日はここまでにしましょうか
夜も出産費用高いしさ
明日にしようよ
はあ…
お父さんも今日はないから帰っていいよー
明日に持ち越し決定

でっかいうんち

そして夜
んじゃまた明日
父と娘はじめて2人きりの夜
ばばーい
よろしくー
かーたんは?
あしたはかえってくる?
病院だよ
家事は滞りなく進むが…
こないよ
あしたのあしたは?
まだ
あしたのあしたのあしたは?
まだかなあ
母の不在に声を上げずに泣く娘
大地に咲く一輪の花
しくしく
しくしく
うーん
お風呂入ろっか?
あのね
うんちするのって大変でしょ?
うん
→かなり便秘ぎみ
それなのにかーたんのおなか
うんちの何倍もふくれてるじゃん?
うん
だから病院じゃないとだせないの
そっかー
よかった納得してくれた
水疱瘡治ったらすぐに会いに行こう
出産を排泄にたとえられている頃
ヤ…ヤヴァなんか来たかも…
ドッ
ドコ
ドコ
ドコ
妹尾の陣痛が始まっていた

予定日から11日目
おはよう
どう？
…かなりドコドコきてる…
おーよかったー
他人ごとフゥー
だと…思って…フゥー…
一人目で学んだの痛いのオレじゃないって
全世界の経産婦を敵に回す小沢
あーそうかい…
フゥーッ
フー…
ちょっと落ち着いたかな…フー
陣痛には数分毎の波がある
あじゃあ保育園の件相談いい？
確認したら入園申込の期限来週だって
ええっ時間ないじゃん！
やっぱ保育園入れた方がよかった!?
でももうとっくに締切過ぎちゃってるよ！
くっそ半年前の我々め
先に申し込んじゃおうと思ったけど
さすがに生まれてからにしてくれって
いま出産なうですって食い下がったんだけどねー
…そりゃそうだろ…フー
だから早く産んでよ
フゥー…！
無茶言うなっての
フゥーッ！

私を分娩台に連れてって

1月5日昼
フウゥ ウウーッ
ンフウ ウウーッ
陣痛との戦いは激しさを増す
お食事でーす
その日のメニューはカレー
しかしとても食べられる状態ではない
2時間後
お食事難しいですか？
お父さん食べます？
ンフウ ウウーッ
じゃあいただきます
そろそろ分娩台行きましょうか
ハイ
アレ？ あのひとさっき来たばかりじゃ…
また追い抜かれた……
4時間後
フウーッ せんせい…
わたしもそろそろ分娩台に…
ンフウーッ
いやーまだまだだね
子宮口がぜんぜん開いてない
バッサリ
後から来た人に続々と抜かされるつらさと相まって
そ…そんな
ウッ
妹尾リバース
オェーーッ
そろそろ体力限界かなあ
開き甘いけど分娩台行ってみる？

せんせい、あとはお願い

午後4時すぎ
つきますよー
ようやく分娩台へ
ガラ
ガラ
ガラ
ガラ
痛みが来たらいきんでねー
ハイ…
いきむとき目は閉じちゃだめだよー
ハイきた！
いきんで！
んぎぎぎぎ
目あけて！
血管切れちゃうよ！
アタシの顔たぶんいま相当怖い…
んぎぎぎ…
などと思いながらいきむこと数回
なかなか出てきませんねー
ゼー
ゼー
ゼー
こりゃ大きそうだねー
少し手伝うか
ギュッ
ギュッ
ギュッ
ぐうううううう
ハイ！今！
いきんで！
ガクッ
…せんせいあとお願い
もーだめ…
コラ！休むな！
お母さんもうちょっとだから！
そのころ小沢は
やっぱり天才だなあ
くらもちふさこさんは
束の間の独り身を満喫していた

COLUMN.6

女児でお願いします！

小沢さんは息子よりも娘が欲しい派だそうです。
パパが女の子育児を楽しむポイントはどんなところにあるのでしょうか。

小沢さんは娘さんとはどんなふうに遊びますか？

ゲームでも漫画でも映画でも、同じコンテンツを見て、感想を言い合っているのがいちばん楽しい。

女の子はたいてい話が上手ですしね。会話ができるようになる前は？

それはもう！つらかった！特に長女とは、会話ができるようになってから、仲良くなれた気がします。

つらいんだ！笑

無理やり話しかけて、リアクションで会話らしきものを成り立たせて、自分を慰めてた気がします。

つらい日々の先の「とととへー！」は、格別に嬉しい出来事ですね！

そうですそうです！　子供が泣いてどうしようもなくなった時なんて、「しゃべれるようになったら、まかせてくれて平気だから！」と妹尾に授乳を懇願してました。しゃべれさえすれば、こっちのもんです。

おしゃべり上手な男の子なら？

最近、長女の友達の男の子とはだいぶ仲良くなりました。

笑

子供の頃から、男子のほうが苦手なんです。最近やっと同性とのコミュニケーションが少しわかってきました。

え？ 大人の男性も苦手？

人によりますが、平均値よりは苦手だと思います。男兄弟がいなかったからかなー、父親とそりが合わなかったからかなー。ただそこは、つきつめて考えないように気をつけています。

妹尾さんはどうですか?男の子。

私は一人くらい男の子でもよかったなと思ってます。運動遊び得意だし。

それも意外!

こないだ小学4年生のラグビーやってる男子に、「かーたんはスジがいい、動きもいい」って褒められましたよ。

出産なう

同時刻
娘はオバッチと水ぼうそうの診察へ
○△内科
うん ぜんぶかさぶたになってるねー
明日には保育園行けますよ
いもうととかおとうととか
ほかにきょうだいはいるかなー？
いなーい
いや あの いるようないないような
は？
わたし この子の叔母で この子の母親はいま
分娩室で産んでる真っ最中で
…あ
妹尾朝子 @ume_asako
出産なう。3610g。女児。
@ume_nanmincha
いま生まれました いもうと
第二子出産
予定日から12日遅れで
…なるほど おめでとうございます
ありがとうございます

3年ぶり2度目

妊娠期間41週4日
ふいー…
おわったー…
初乳中
分娩所要時間15時間20分
おつかれ
ガラ
おー
体重3610g
いやーきつかった…
2人続けて3000gオーバーか
もう二度と分娩台には乗らんッ!
一人目のときも言ってた
…そうだっけ
でもさ一人目のときはとまどいの方が強くて
「なんだこれ?」だったけど
まさかこれほど間が持たないとは…
……
あ あ あ
二人目は
ちゃんと生まれた瞬間からかわいい
なるほどねー
かわいいとは何か一人目で学習したわけか
おめでとうございます
わーかわ…
ガラガラ
でか
……

くるか!? 赤ちゃん返り!

我が子3610g
3610g
2500g
同日出産の男児2500g
3キ…大変でしたね…
かわいいですね… ちっちゃくて
たしかにでかい…
子供との面会は病室ではなく面会スペースで行われる
オバッチたちもうすぐ着くって
赤ちゃん返りとかするのかな?
どうだろ
先生は
男の子はまずするね
女の子はしない子もいる
まあしたらしただね
しないでほしいけど!!
そうだね
ポーン
あ
いよいよ娘「姉」としてはじめての対面
……
おめでとー♪

3歳vs2時間

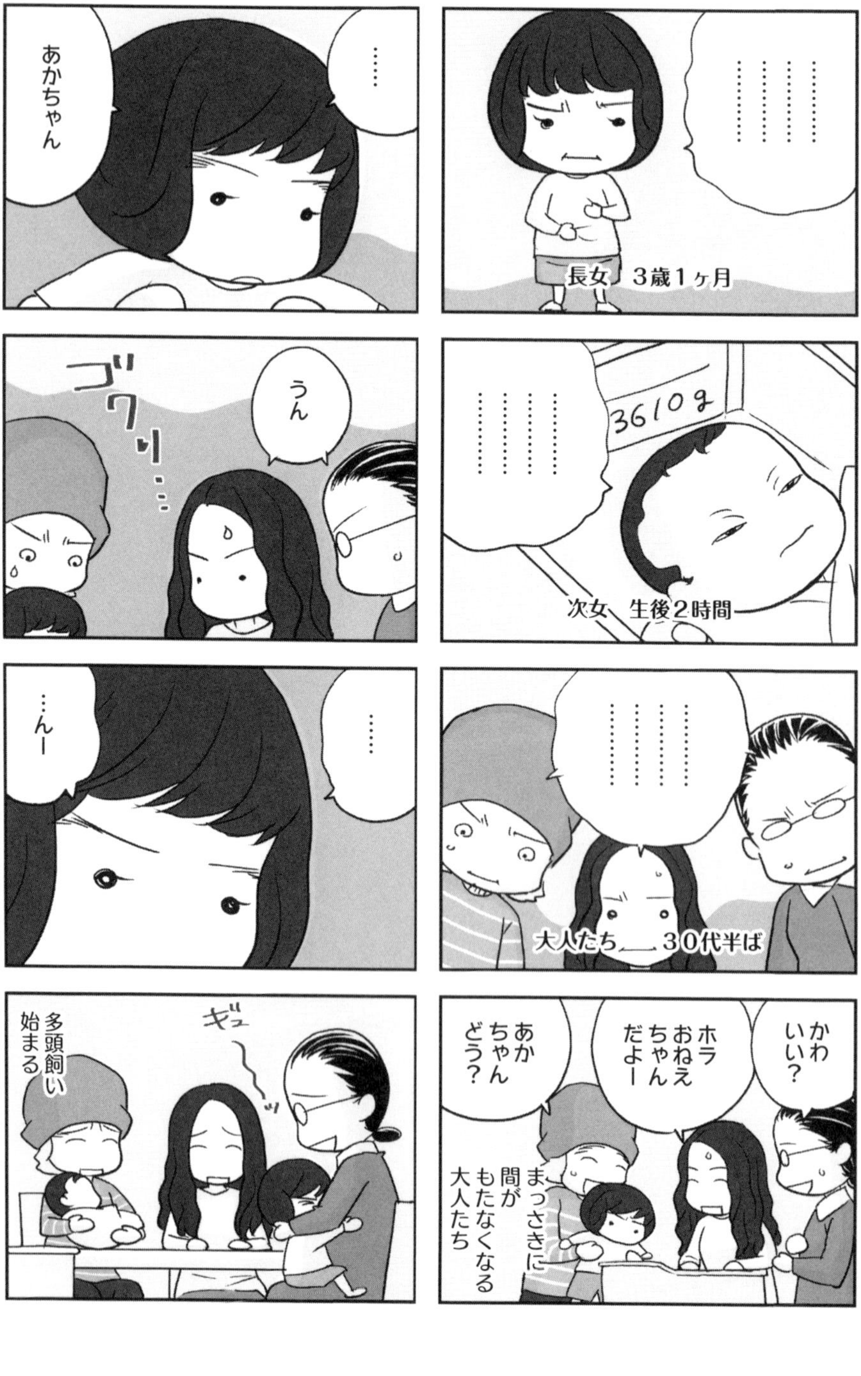
長女　3歳1ヶ月
3610g
次女　生後2時間
大人たち　30代半ば
かわいい？
ホラおねえちゃんだよー
あかちゃんどう？
まっさきに間がもたなくなる大人たち
……
あかちゃん
うん
ゴクリ…
……
…んー
ギュ
ッ
多頭飼い始まる

先住猫と新参猫

猫の多頭飼いにはコツがある
それは…
先住猫の前でいきなり新参猫をかわいがらないこと
うひょー
ちっちゃーいい♡
ネズミみたーい♡
その禁を犯すとまず十中八九
先住猫は拗ねる
うわあああ
シャー
ということは
先住猫→
はーほいくえんつかれたー
新参猫←
ふがっ
ふがっ
生後2日目
さー今日も病院行こうかー
ん――…
ここで赤子を理由にしてはいけない
あかちゃんかわいいよー
みにいこうよー
かーたんあいたがってるし
……じゃあいく

姉への配慮　姉の配慮

よくきたねー
おいでー
かーたーん
←メールで作戦は伝達済み
ちらっ
ぎゅーっ
ほえっ
ちらっ
ほわあああ
先住猫(姉)への配慮を忘れない我々
さらにぎゅうううう〜
ほええ
ほええ
ほええ
ほえええ
……
ほえええ
ほえええ
スタ
あかちゃんないてる
ほええええ
トン
トン
トン
しめしめ
ふう

だんだん家族

かーたんあと3回寝たらお家帰るから
うんじゃあねー
帰り道子供乗せ自転車
何食べたい？なんでも作るよ
まくなるどー
……
で…どう？
あのあかちゃん
いっしょにやってけそう？
んー…
うん
もうすきだよ
あかちゃん
ふーん
嫌いだったの？
きのうはちょっと
きらいだった…
そうかー
そういうもんかもなー
家族はだんだん家族になる

名前はまだない

出産から5日目
ただいまー
かーたん おかえりー
妹尾帰宅
長女と赤子の関係は今のところ良好
あかたんにバリーしちゃだーめーよ
がそれを微笑ましく見てる場合ではない
あーかーたん!
ポンポン
泣くかどうか まよってる
そうこの子には名前はまだない
名前
決めなきゃね
名付け=出生届の提出
なので本来は出産から2週間以内に提出すればいい
しかし
我々にはそんな時間の猶予はなかった
名前が決まらないと
いつまでだっけ?
保育園の申し込み?
保育園の申し込みができないのだ
あと2日…
そう今回我々は0歳児保育を狙っていたのだ
性別だけでも聞いとけよ半年前の我々!
第二子は産まれるまでわからない
どうでもいい理由
って経験をしてみたくってぇー
バカか!

子供に仮名をつけるのは

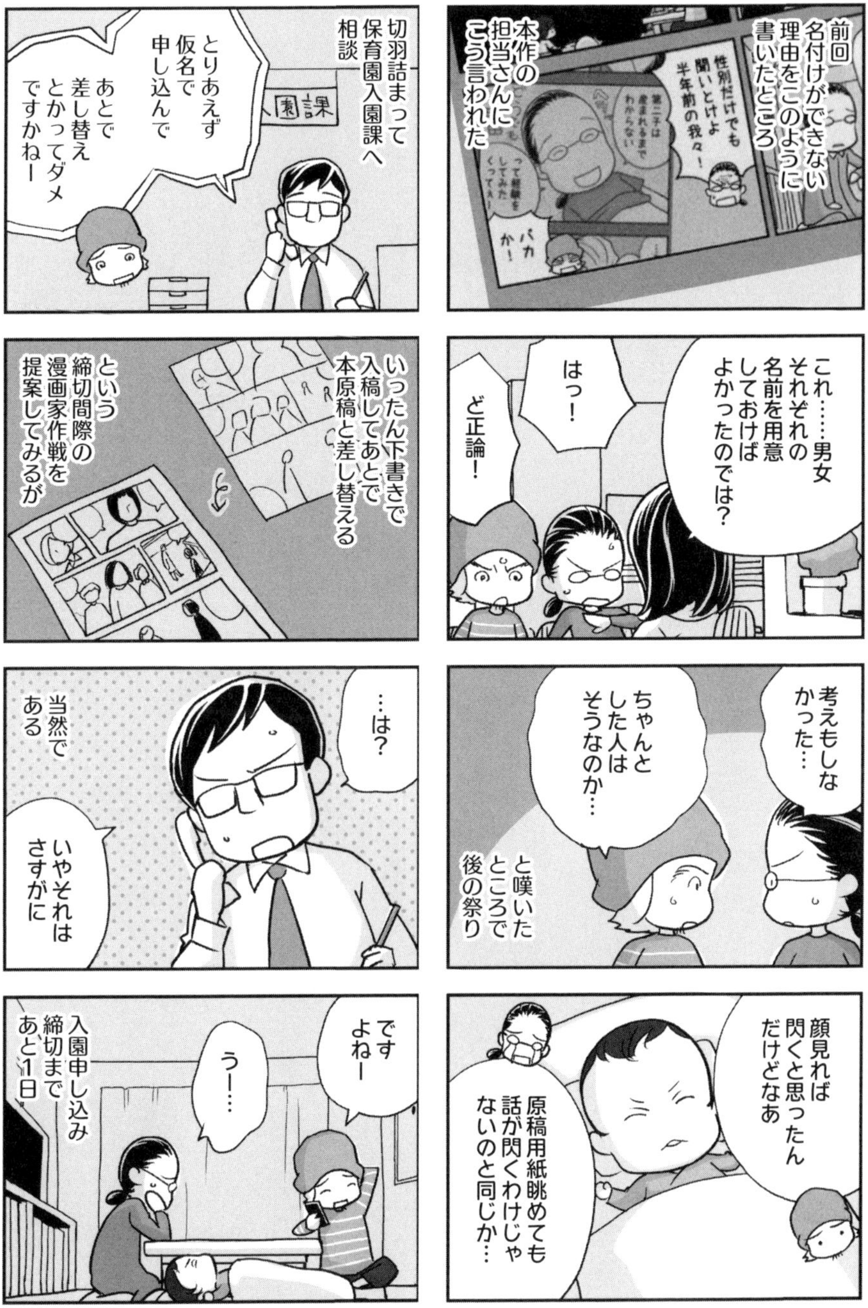
前回名付けができない理由をこのように書いたところ
性別だけでも聞いとけよ半年前の我々！
第二子は産まれるまでわからない
バカか！
本作の担当さんにこう言われた
これ……男女それぞれの名前を用意しておけばよかったのでは？
はっ！
ど正論！
考えもしなかった…
ちゃんとした人はそうなのか…
と嘆いたところで後の祭り
顔見れば閃くと思ったんだけどなあ
原稿用紙眺めても話が閃くわけじゃないのと同じか…
切羽詰まって保育園入園課へ相談
入園課
とりあえず仮名で申し込んで
あとで差し替えとかってダメですかねー
いったん下書きで入稿してあとで本原稿と差し替える
という締切間際の漫画家作戦を提案してみるが
…は？
いやそれはさすがに
当然である
ですよねー
うー…
入園申し込み締切まであと1日

うめ家のしばり

3年前の長女の名付けルールはこちら
①パソコン等で辞書登録なしに一発で変換できる
②生まれた季節の季語
③「子」とつくが「こ」とは読まない
今回も同じ命名ルールで名付けよう
ちなみに姓名判断の類は考慮しない
おっけー
…と思ったのだが
き
きびしい…
しばりがきつすぎた
餃子とか椅子とかまで妥協しても
季語じゃないしなあ
その前に人の名前じゃないだろ
鶴
ヒトだよ？
別に厳密に揃える必要ないんじゃない？
それぞれ別の人間なんだしさ
やだ！
せっかくいい感じの雰囲気で言ってやったのに
手ェ抜いたみたいじゃん！
時間ないっての！
もういい力技でいく！
辞書で「子」の後方検索かけて
全通りチェックしてやる…
パカ
①のルールはどうにでもできるが
②と③のしばりが名付けのハードルを上げていた
ぞぞ〜〜っ
めんどくせ〜

いつかきっとMacでも

椰子 菓子は… 季語じゃない
穴子?
サザエさんじゃないんだから
無料のWEBの辞書では見当たらず
王子?
女の子だし
『サクラ大戦』作りそうだな
語彙数の多い有料の辞書アプリに次々と手を出す小沢
「こ」と読むのもアリにしない?
もしくは違う季節アリか
……あ これって
それはちゃんと季節の季語で
変換は?
…えーと
「こ」と読まない「子」がつく名前だった
Macでは変換できないなー
あ でもWindowsなら出る
一太郎でも出る
きっとMacのIMEでも この子が大きくなるまでには変換できるように
…なる きっとなる
じゃあ きまりだね
コクコク コク
ささやかな妥協をもって彼女の名前が決まったのは
これをもって命名とする
保育園申し込み期限当日の昼過ぎのことだった

うんこ事情

退院から一週間
くんくん
あれ?
まだほぼ寝たきりの妹尾
お米炊いてる?
こんな時間に?
いや?
あー
じゃあ
こっちか
ぷ〜ん
赤子のうんこは炊きたてのお米の匂いに似ている
でたといえば
ただいまー
おかえりー
今日は保育園で出た?
あのねー
もうおねえさんになったよ
おねえさんになると
うんちしないんだよー
昔のアイドルのようなことを言い出す
……
便秘3日目の長女

プリキュアのお通じ

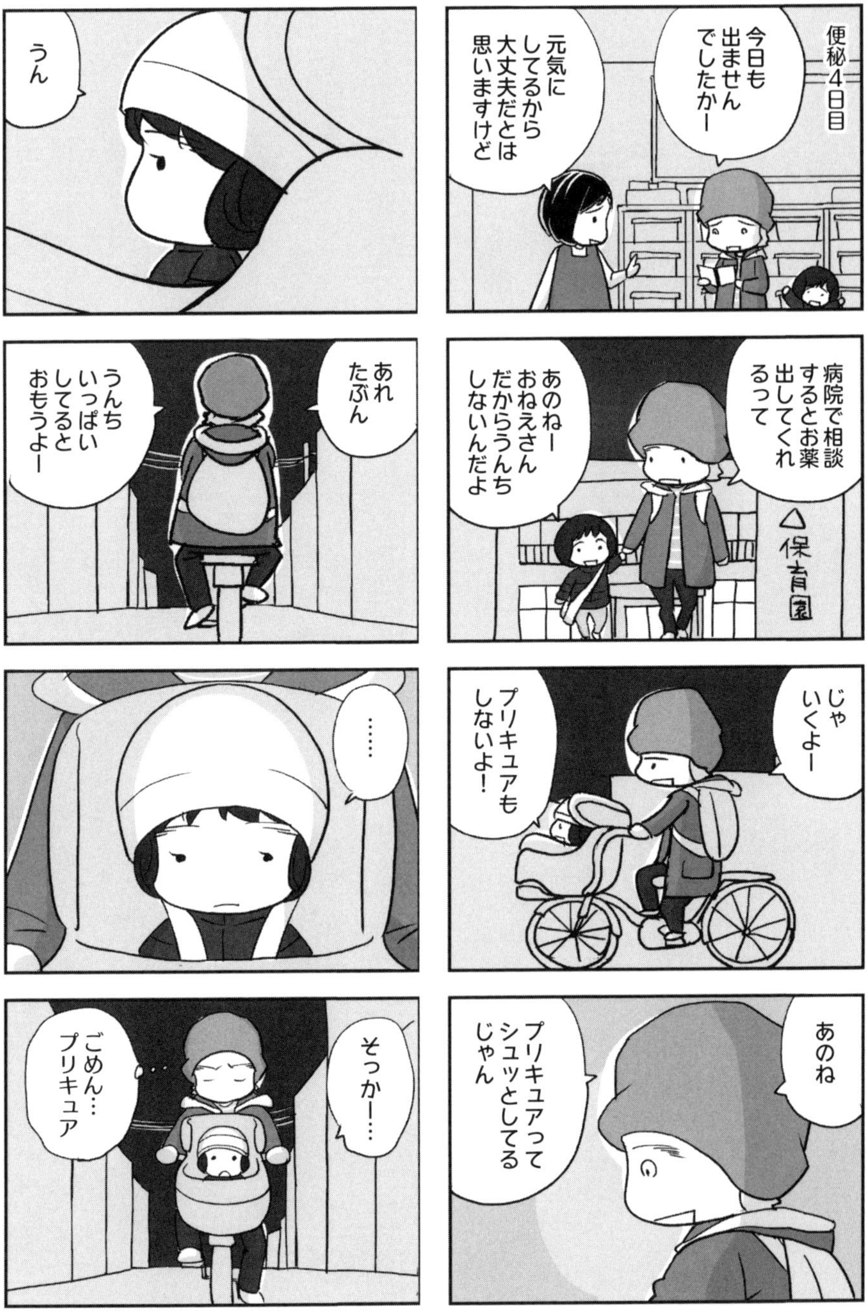

便秘4日目
今日も出ませんでしたかー
元気にしてるから大丈夫だとは思いますけど
病院で相談するとお薬出してくれるって
あのねーおねえさんだからうんちしないんだよ
保育園
じゃいくよー
プリキュアもしないよ！
あのね
プリキュアってシュッとしてるじゃん
うん
あれたぶん
うんちいっぱいしてるとおもうよー
……
そっかー…
ごめん…プリキュア

子供に銃を向ける時

病院
じゃあお薬出しておきますね
ほかにもいい方法があるんですが
やってみます?
へー
水鉄砲?
ウォシュレットの要領で
お尻を刺激してあげるといいって
へー
ちょっとお風呂でやってみるわ
平気?
もよおしたらすぐトイレ連れてくから
下の子が生まれてからすっかりぐずらないで
とーたんとお風呂入るようになったなー
水鉄砲とはいえ
子供に銃を向けるのは気がひけるけど
うひょひゃひゃひゃー
しかしこのあと
楽しそうでなにより
うひょー
まったく予想だにしない惨事が小沢を襲う

とーたん、おしり

便秘解消のため水鉄砲で刺激を与える父に
うひゃひゃひゃ
ピュー
長女はこう言った
とーたん
ん?
つぎ
とーたんね
父は予見していなかった
……
え?
じゅんばんだよ?
ちゃんとうしろむいて?
この手の行為には
報復がつきものだということに
いや…
とーたんはいいよ…
おーしーりー
むーけーてー
クイッ
クイッ
多くは語るまい
ひゃあ
なんだろ?
とーたんの声するねえ?

3年たってもアウェイ

プルルルピッ
次女の保育園入園が決定した
おめでとうございます
グッ
ご離婚はともかく無認可保育園の件は再考されたほうがいいですよ
プラス1点のためねばる小沢
とにかくとてもじゃないですが仕事場で子供を安全に育てられる環境ではありません
長女のときはさんざん苦労したが
ただ認可保育園だと厳しいかもしれません
共働きで仕事も決まってるのに?
上の子が同じ保育園にいるとポイントが加算されるので
せんせーおはよー
おはよ〜
入園しやすい
二人目が入りやすいのは知っていたけどさ
いざ決まるとやっぱり安心するね
ほえあほえあほえあ
新連載の話もすすめるかなー
さっそく入園説明会に参加
行ってくるわー
よろしくー
カリカリ
ガラッ
またオールお母さんかー
だがさすがに育児3年目
あれおとうさん朝はどうも
お母さん具合どう?
どうも
授乳しながら仕事してます
この程度のアウェイではもう動じなくなっていた
アハハ

ふられました

保育園入園説明会
朝は必ず8時 9時の間に登園してください
あのう…7時半じゃだめですか?
特別な事情があれば可能ですが
私それだと
…会社に間に合わなくて
エヘヘ
お父さんはどうですか?
え?
主人は…そのう…
通勤時間はアレなんですけど
どうでしょう…
しどろもどろ
育児には消極的なお父さんのご様子
ではそこは
お父さんと調整してください
キッパリ
は…はあ
わかるわかる
保育園て最初ものすごく厳しく感じるよねぇ
最初にそのあたりをきちんとしておかないと
苦労されるのはお母さんですよ
ズバズバ
は…はあ
S先生も追い討ちかけるなあ
ねえ?お父さん
え
そこでこっちにふるの!?

S先生は物事を真正面からズバッと言うタイプ
主人に話して…みます…
人によってはキツいと感じるかもしれない
そうしてください
そうですねー
朝はお父さんの方が多いくらいなんじゃないかなー
でも決して鬼ではない
それにこの保育園朝の預け入れはお父さんが多いんですよ
少なくとも朝夕どちらかは
お父さんのご家庭がほとんどですね
盛ってみた
ねえお父さん?
…またふられた
これはつまり
へー
それだと話ししやすいかも
ウチも言ってみようかなー
実際には朝のお父さん率は1／3くらいだけど
このお母さんにお父さんを説得する材料を作ってあげようってことだよね?
…GJ

オムツずっと替えてないよね?

次女の入園も決まり
だいぶお姉さんっぷりが板についてきた長女
あっぷっぷー
あかちゃんおふろあがるよー
うけとってー
はいはーい
…もうすこし大きくなったらたのむ!
とーたんよんできて
わかた!
頼もしいかぎり
新しいオムツ
きもちいいねー
そういえばアナタもオムツずっと替えてないよね?
ジキンちゃんもいまーす
そろそろ替えよう
あ
だいじょうぶだいじょうぶ
まだ2回しかしてないから
…する前に教えてくれてもいいんだよ?
そこまでわかってて…

トイレトレーニング開始

撮りますよフツー！！

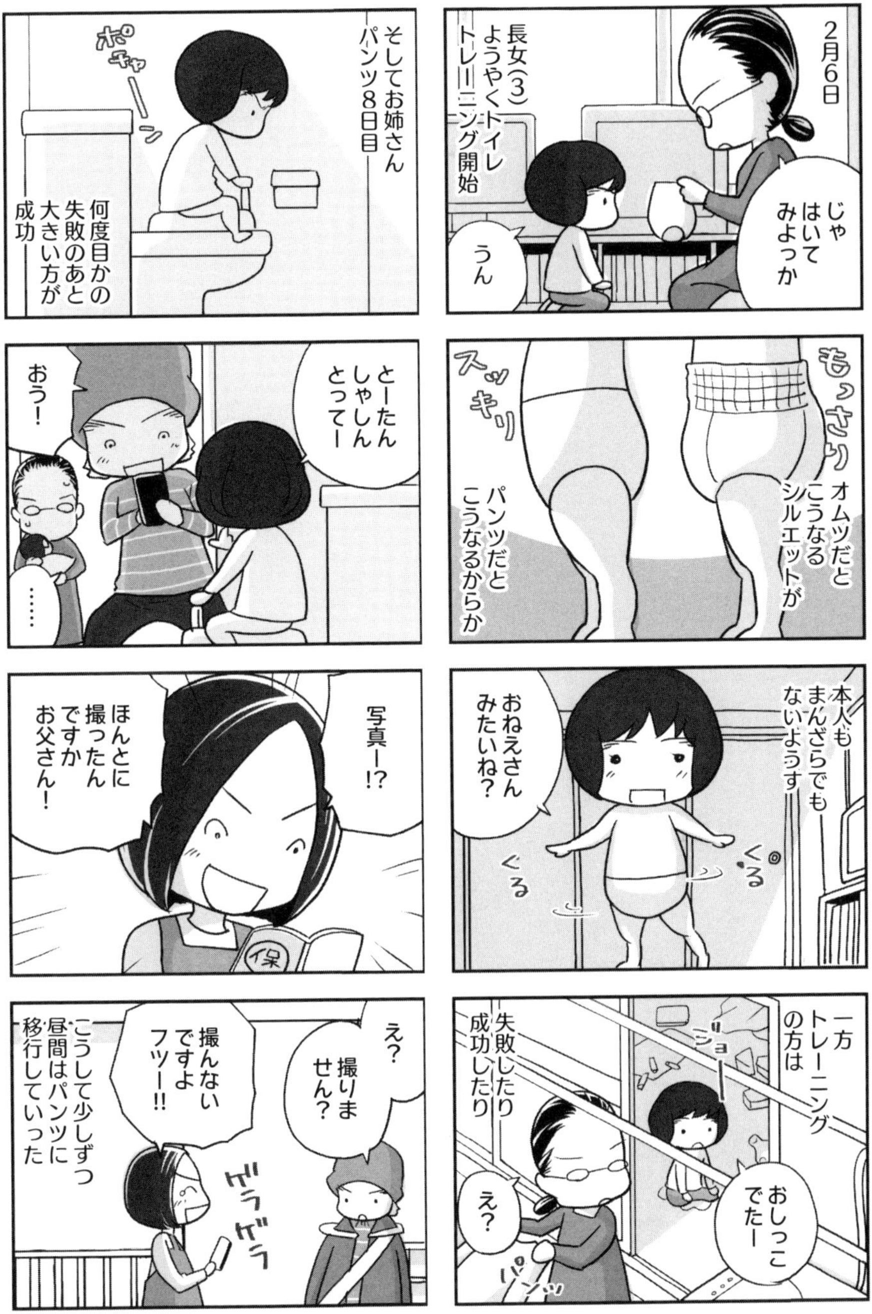
2月6日
長女(3)ようやくトイレトレーニング開始
じゃはいてみよっか
うん
もっさり
オムツだとこうなるシルエットが
スッキリ
パンツだとこうなるからか
本人もまんざらでもないようす
おねえさんみたいね？
ぐる
ぐる
一方トレーニングの方は
ジョー
失敗したり成功したり
おしっこでたー
え？
パンツ
ポチャーン
そしてお姉さんパンツ8日目
何度目かの失敗のあと大きい方が成功
とーたんしゃしんとってー
おう！
……
写真ー!?
ほんとに撮ったんですかお父さん！
え？撮りません？
撮んないですよフツー!!
ゲラゲラ
こうして少しずつ昼間はパンツに移行していった

とれたらとれたで…

トイレトレーニングとは
トイレでの用足しができて完了ではない
たとえば出かける前
トイレ行こっか
電車に乗る前
トイレ行こっか
えき
たまにせっかく声をかけても
トイレ行こっか
いまでないー
なのにまわりになにもないときにかぎって
おしっこー
だからさっき行っておけと!
オムツってとれたらとれたで大変だね
ガタン
ゴトン
マメな声かけ大事だしね
…ん?
ガターン
ゴトーン
ちょっとまって
来週沖縄に取材旅行だよね?
しかもわりとヘビーな離島に…
慣れない土地でのトイレ探し
状態のよくないトイレ…
……
ガターン
ゴトン
ガタン
ゴトン
なんでこのタイミングでトイレトレーニングはじめたんだ我々は!
おしっこー
もう少しあとにすればよかったー

不審者家族

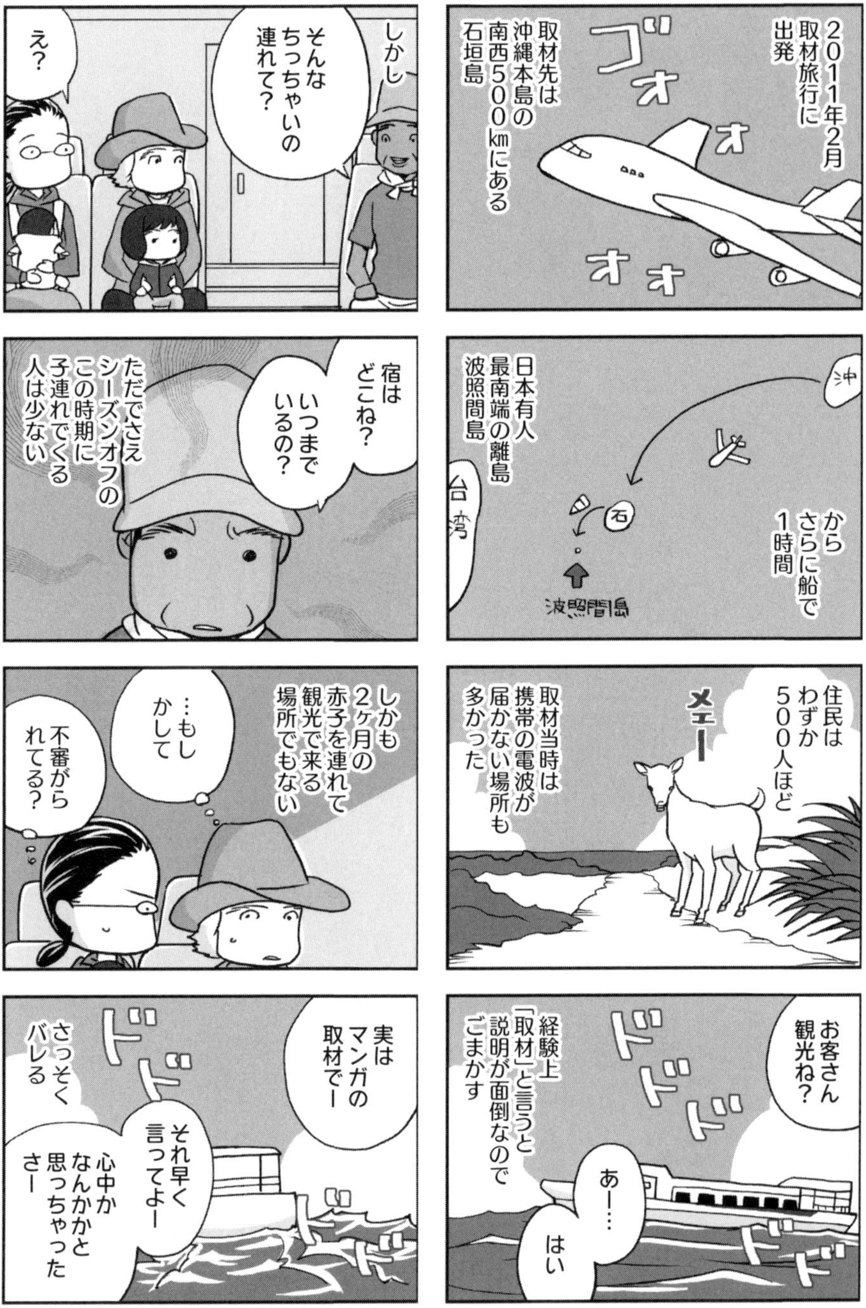
2011年2月取材旅行に出発
ゴォ
オ
オォ
取材先は沖縄本島の南西500㎞にある石垣島
からさらに船で1時間
日本有人最南端の離島波照間島
沖
石
台湾
波照間島
住民はわずか500人ほど
メェー
取材当時は携帯の電波が届かない場所も多かった
お客さん観光ね?
ドドド
経験上「取材」と言うと説明が面倒なのでごまかす
あー…
はい
ドドド
しかし
そんなちっちゃいの連れて?
え?
宿はどこね?
いつまでいるの?
ただでさえシーズンオフのこの時期に子連れでくる人は少ない
しかも2ヶ月の赤子を連れて観光で来る場所でもない
…もしかして
不審がられてる?
実はマンガの取材でー
ドド
さっそくバレる
それ早く言ってよー
心中かなんかかと思っちゃったさー

離島のイクジ

子連れで歩いていると
こんにちはー
パシャ
パシャ
子連れに声をかけられる
こんにちはー
ちっちゃーい
何ケ月ですか?
2ケ月です
ぼくは2歳さん?
ですです
おねーちゃんは3歳ぐらい?
あーご出身東京なんですかー
旅行で来て今の主人と知り合ってー
島のお母さんは県外から来た人も多い
キャッ
キャ
島の子育て
のんびりしてて良さそうですよね
うーん
のんびりという点では
それはもうたしかに
ただ出産はこの島でできないから大変でした
診療所はありますよね?
出産はNGでー
だから石垣島の病院で
あ でも東京と違って保育園は全員入れます笑
キャーーー
所変われば悩みも変わる

行き当たりばったり取材

実は この島には 保育園だけでなく 幼稚園もある
幼稚園 新築だー
その隣には 小学校と中学校
ただし 高校はない
バイバーイ
だから みんな16歳で 島を出る
16歳かー…
あと十数年で こいつらに
そんなことが できるだろうか？
ちなみに 次の作品の 主人公は そんな 島の子供たち
学校…… 取材でき ないかなあ
アポなしは まずいよね
編集部に 取材依頼 出して もらう？
いまからー？
ということを 宿のご主人と 話していたら
学校の 取材？
頼んで あげるよ
え いいん ですか!?
バタン
校長先生 親戚だから
さすが島民 500人

小沢の移住計画

クラスは全校で3つ
どうぞ自由にみてください
低学年中学年高学年の3クラスである
ありがとうございます
てんせーのつくえ?
子供たちの机だよー
1クラスの人数は3〜6人（2011年当時）
こんだけ?
これだけ
「自分の意見をちゃんと言おう」という標語がなぜか気になった
あーそれですか
このとおり人数が少ないでしょう
パシャ
だから自分の意見をしっかり持たないと
すぐ『だよねー』『ねー』で話が終わっちゃうんです
だよねー
そうさー
シマにいるうちはまだいいんですが
それだとシマを出たあとが困るんですよ
だからディベートなど色々な意見に触れる授業に特に力を入れています
なるほど
ありがとうございましたー
ばばーい
ばいばい
よかったらシマの学校に入ってねー
あはは
今でもときおり小沢は
シマの学校か…それもアリだよなー
あの時引っ越す手もあったかなーとボヤいている
えっ!

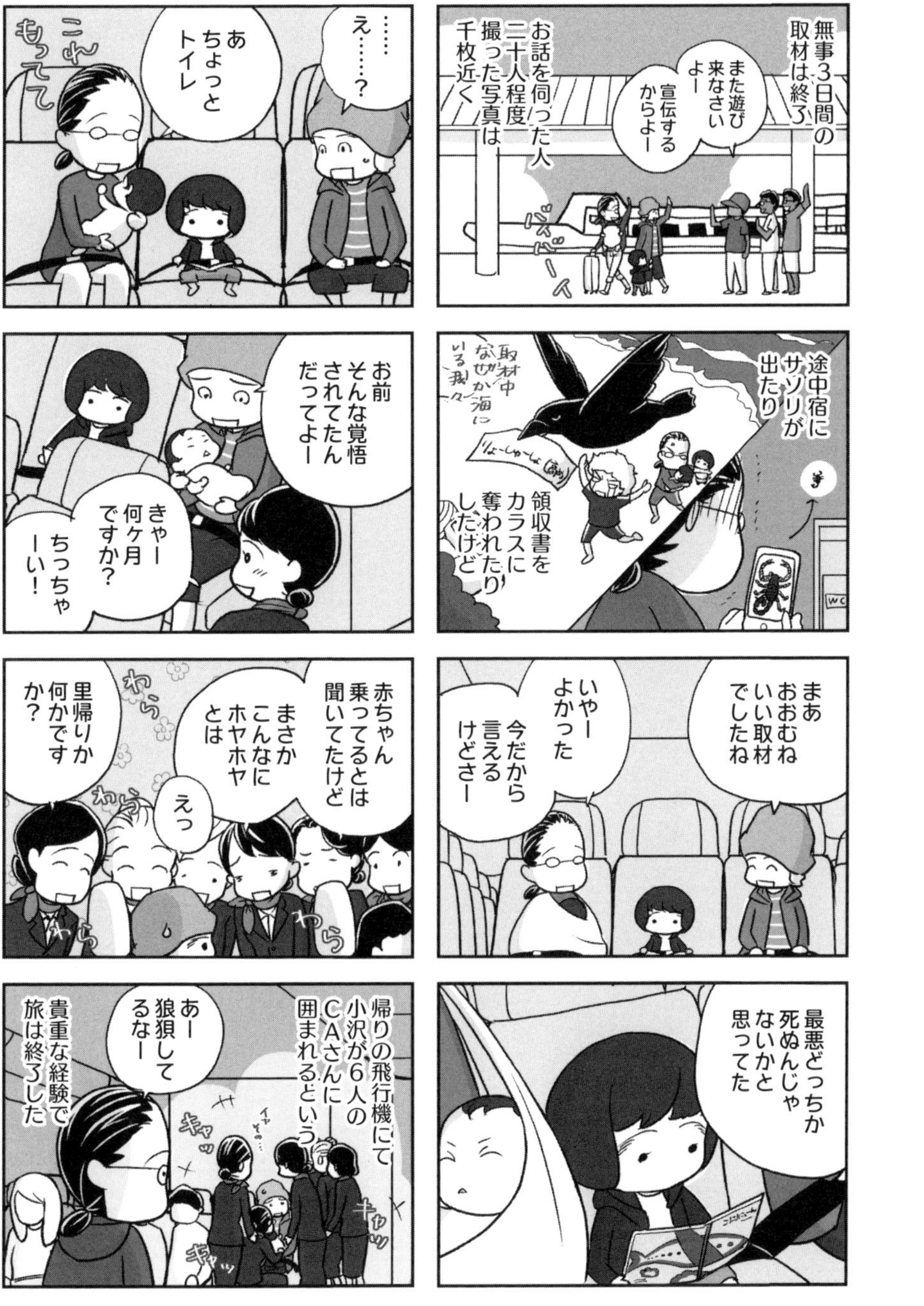
無事3日間の取材は終了
また遊び来なさいよー
宣伝するからよー
お話を伺った人二十人程度 撮った写真は千枚近く
ババーイ
途中宿にサソリが出たり
取材中なぜか海にいる我々
りょーしゅーしょ(あ)
領収書をカラスに奪われたりしたけど
WC
まあおおむねいい取材でしたね
いやーよかった
今だから言えるけどさー
最悪どっちか死ぬんじゃないかと思ってた
これもってて
……え……?
あちょっとトイレ
お前そんな覚悟されてたんだってよー
きゃー何ケ月ですか?
ちっちゃーい!
赤ちゃん乗ってるとは聞いてたけど
まさかこんなにホヤホヤとは
里帰りか何かですか?
えっ
わらわら
わらわら
わら
わら
帰りの飛行機にて小沢が6人のCAさんに囲まれるという
あー狼狽してるなー
キャッ
キャッ
キャッ
キャッ
貴重な経験で旅は終了した

あとがき

IKUMEN TO YOBANAIDE ／ NIBUN NO IKUJI

ペンネームの由来になっている「うめ」という猫を、交通事故で亡くしたことがある。行方不明でずっと探して、ようやく役所の霊安室で見つけたときは、荼毘《だび》に付される前日。街中で出会った猫だった。

子供が生まれる前、何度か猫を連れ帰ったことがある。道を歩いていると「みょーみょー」という、か細い鳴き声が聞こえてくる。そっと物陰を覗き込むと、そこにいるのは、必死に鳴いている子猫。たいていは親猫がそばにいたり、こちらの姿が見えるとピタッと鳴き止んで、逃げだしたりする。ただ、まれに一人ぼっちで、目ヤニだらけで、ぐったりとしながら、鳴き続けるヤツがいる。そして手を差し出すと、なんとか震えながらも、立ち上がってよろよろと擦り寄ってくる。親と勘違いしているのか、たんに大きな生き物に頼りたいのか。いずれにせよ、そういう猫は、なんというか、自分が背負った猫なんだろうな、という気がして連れて帰った。助かることもあれば、助からないこともある。

家にはじめて、長女を連れて帰ってきたとき、その弱々しい「ほぇええ、ほぇええ」という泣き声から、拾った猫たちを思い出した。

しかし猫の子であれば、ぬくぬくさせておけば、たいていの場合、ほんの数日で、歩くのはもちろん、自分でトイレもできるようになるし、エサも食べられるようになる。ところが、だ。人間はその状況になるのに何年もかかるという。うーん……。そんなスパンで、生き物の世話をした経験はなかった。

数日経ったときだ。ふと思い立って、妹尾にこんな約束を提案した。

「どっちかがコイツの面倒を見ているときに、もし一生残るようなケガをさせたり、万が一、命に関わるようなことがあっても、それでお互いを責めるのは、やめよう」

面倒を見ていた方は、おそらく自分をものすごく責めるだろう。そこでさらに相手に追い討ちをかけられるのも、かけるのも、どこにも出口がないことは知っていた。

「あー、それはいい、そうしよう」

妹尾は即答した。どんな過失があったとて、それがその時点のベストだったんた、そう思おう。ということで、話はまとまった。実際、何度かヒヤッとする怪我をしたり、夜中に救急に駆け込んだりもしたけれど、この約束はいまのところ有効に機能している。

作中では、長女がまだ0~2歳、次女は生まれたてだけれど、この本が出た時点での実年齢は、長女が10歳。次女は7歳。せっかくなので、この本が出るタイミングで、その約束のことを、子供たちにも話してみようと思う。

小沢高広（うめ）

うめ UME

原作担当の小沢高広と作画担当の妹尾朝子からなる
実力派の漫画家ユニット。
代表作は「スティーブズ」「大東京トイボックス」。
電子版絵本「ねこにこねこ」も好評発売中。

小沢高広 OZAWA TAKAHIRO

わりと細かい夫。原作&料理担当。漫画原作の他、
「劇場版 マジンガーZ／INFINITY」の脚本なども手がける。
ゲームとロボットと日本酒を愛する。

妹尾朝子 SEO ASAKO

基本ざっくりな妻。作画&洗濯担当。
ちばてつや賞出身で、青年漫画誌を中心に活躍。
華奢な外見を裏切る数々の武勇伝を持つ酒豪。
とにかく猫が好き。

イクメンと呼ばないで

ニブンノイクジ

2018年3月16日　第1刷発行

著者	うめ 小沢高広／妹尾朝子
発行者	石﨑 孟
発行所	株式会社マガジンハウス 〒104-8003 東京都中央区銀座3-13-10 書籍編集部 ☎03-3545-7030 受注センター ☎049-275-1811
装丁	金子歩未(hive)
編集	小川瞳
印刷・製本所	凸版印刷株式会社

[初出]ママテナ／cakes(2014年11月~2017年11月)

マガジンハウスのホームページ http://magazineworld.jp/

ISBN978-4-8387-2983-8　C0095